U0924178

百年校庆文丛

Xiamen Shuangshi Middle School of Fujian
Centennial Celebration Series

校园的星空梦

——双十天文基础与观测

徐　栩　陈聪颖◎主编

厦门大学出版社 XIAMEN UNIVERSITY PRESS | 国家一级出版社 全国百佳图书出版单位

图书在版编目(CIP)数据

校园的星空梦：双十天文基础与观测/徐栩，陈聪颖主编.—厦门：厦门大学出版社，2019.9

(福建省厦门双十中学百年校庆文丛/陈文强总主编)

ISBN 978-7-5615-7555-0

Ⅰ.①校… Ⅱ.①徐… ②陈… Ⅲ.①天文学－中学－教学参考资料 Ⅳ.①G634.553

中国版本图书馆 CIP 数据核字(2019)第 195856 号

出 版 人 郑文礼
策　　划 蒋东明
责任编辑 郑　丹
封面设计 夏　林
技术编辑 许克华

出版发行 厦门大学出版社
社　　址 厦门市软件园二期望海路 39 号
邮政编码 361008
总　　机 0592-2181111　0592-2181406(传真)
营销中心 0592-2184458　0592-2181365
网　　址 http://www.xmupress.com
邮　　箱 xmup@xmupress.com
印　　刷 厦门集大印刷厂

开本 720 mm×1 000 mm　1/16
印张 10
字数 170 千字
插页 1
版次 2019 年 9 月第 1 版
印次 2019 年 9 月第 1 次印刷
定价 35.00 元

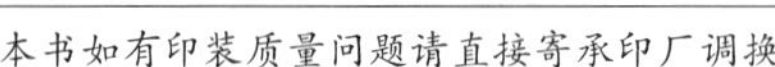
本书如有印装质量问题请直接寄承印厂调换

厦门大学出版社
微信二维码

厦门大学出版社
微博二维码

总 序

福建省厦门双十中学校长　陈文强

福建省厦门双十中学创办于1919年10月。为纪念辛亥革命，学校以“双十”命名。建校百年来，历代双十人秉承“爱国、为民”的精神，坚定“立德树人”的教育理想，从私立学校到公办学校、省素质教育先进校，再到全国首届文明校园，厦门双十中学在继往开来中不断完善学校办学理念，实现学校有特色、有内涵发展，学校办学实力、综合竞争力全面提升，成为闻名全国，享誉海内外的名校。

2009年，在建校90周年之际，学校除出版初高中各科衔接教材外，还特别推出了《教育文化创新与学校特色发展》《杏坛深处——福建省厦门双十中学老领导、老教师访谈录》《叙学谭往》，以及学者型专家型教师等系列丛书，影响极佳，广受赞誉，为90周年校庆献上一份厚礼。近10年来，学校又陆续推出社会主义核心价值观培育、核心素养与学校变革、校长领导力与学校软实力、怎样读书等科研成果，产生积极的社会影响。《社会主义核心价值体系中学生读本》受到省教育厅和中宣部的肯定，被列为核心价值观进教材、进课堂、进头脑的示范读本；《怎样读书》还被评为2013年全国图书馆必备的百本好书之一。这些，都从一个侧面展现了双十人科研兴校、内涵发展方面的不懈努力，也是学校文化不断丰富、综合实力不断提高的有力呈现，更是双十人总结经验、不懈探索、锐意创新、追求卓越的充分体现。

在百年校庆之际，学校又将近年来涌现出的一大批教研成果，经认真遴选、完善，推荐出版了12部图书，我们将此作为百年校庆文丛隆重推出。这些成果均为学校的优势学科、特色项目、综合实践等方面的理论和实践研究成果，作者既有省市杰出教师、最美教师、专家型教师、学科带头人、特级教师，也有在近年崭露头角的新秀，他们在各自的学科教学和研究领域中都有新的建树，备受瞩目，在一定程度上展现了双十人“追求极善，勇为最先”的风采。

教学相长，教研并举，硬实力与软实力兼优是双十的优良传统。我们一贯重视教师的专业成长和职业发展，始终坚持“教学研创”一体，鼓励教师多读书、多研究、多交流、多切磋，及时总结、完善、凝炼成行之有效的经验，在形成独特的教学特色、风格的同时，又兼具深厚的学理素养和鲜明的学术品格，坚持爱国为民，坚持立德树人，更好地为学生成长和国家建设服务。这是每个双十人都希望的，也是全体师生的共同心愿。

是为序！

陈文强

前言

1985年，哈雷彗星在夜空出现，双十校园里琅琅的读书声霎时停止，一向埋头读书的学生，纷纷举头望星！而且，还吸引了许多学校周边的市民乃至远方的朋友聚集在学校科学楼的天台，透过那个“宝葫芦”的反射天文望远镜争相观看76年前曾经造访地球的著名彗星。这使双十的地理老师意识到，头上的这片深邃辽阔的星空，应该可以成为学生获得知识和能力的新天地。于是，在这哈雷彗星来临之际，双十中学的第一个天文兴趣小组宣告诞生。地理老师带领着学生们一边脚踏实地学习，一边充满激情地仰望，不经意间，一代又一代地传承了下来。三十多年，从来没有间断。学校、市教育局、市科协乃至省天文学会等也不遗余力地支持学校的天文活动。学校建立了厦门市首个天文台，成立了学生自己的“天文协会”，从此双十学生有了自己观星的“家”；从此有无数著名天象落入双十学生的眼帘，百武彗星、狮子座流星雨、双子座流星雨、日偏食、月食、彗木相撞……从此一批批天文发烧友不断涌现。2005年双十枋湖高中部校区的兴建，开辟了新的观星基地——枋湖校区天文台，拥有了天象厅、天文教室、天文展室、天文观测台，同期还在同安军营山建立了野外观星基地。学校天文校本课程的水平不断提高，甚至能承办国家级的天文奥赛和亚太地区的天文奥赛。

随着新课改的实施，课程多元化已经成为培养学生学科素养的重要途径之一。学校天文活动也逐步走上课程化的轨道。从20世纪80年代的“天文兴趣小组”到21世纪初的“天文活动课”，再到现在的“天文校本课程”，学校的天文教育逐步地规范化、制度化。学生自发成立的天文组织也由“天文协会”发展到今天名扬校内外的“天文社”。与此相应的天文教材也由原先的零散的天文讲稿，发展到后来编辑成册、体系完整的正式出版物《天文活动课》。从 2012 年起，这本天文校本教材成为每年天文校本课程的主要学习资料。今年逢学校百年大庆，作为庆典献礼的成果，学校决定出版系列校本教材，展现学校的特色教育成果，天文校本教材也在此列。此次天文校本教材与 2012 年第一次出版相比，做了较大的修改，一方面对教材的结构重新设计，增加了天文实践和观测方面的内容，以求更符合学生学习的需要，另一方面增加了最前沿的天文研究成果，契合了新时代对青年学子的素养要求。

愿这本崭新的《校园的星空梦——双十天文基础与观测》为双十的天文教育继续添砖加瓦，也为母校的百年校庆锦上添花。

陈聪颖

2019 年 3 月 5 日

目 录

第一章
绪　论

一、天文学研究的对象

天文学是自然科学中的一门基础学科。它的研究对象是天体，即研究天体的位置和运动，研究天体的化学组成、物理性质和过程，研究天体的结构和演化规律，研究如何利用关于天体的知识来造福人类。

图 1-1　猎户座星云

天文学和人类历史同样悠久。天文学的研究内容和许多概念，总是伴随着人类社会的文明进步而不断发展。因此，人们对天体的认识和理解，在不同历史时期是大不相同的。古代天文学把日月星辰的视位置和视运动作为主要研究内容。今天则把天体作为宇宙间各种星体的总称，包括：太阳、月亮、行星、卫星、彗星、流星体（群）、陨星、小行星、恒星、星团、星系、星际物质等，所以天文学的研究对象也就是人类认识的宇宙。作为一颗行星，地球本身也是一个天体，也是它的研究对象。但地球大气层以下的各个圈层则不属于天文学的研究范畴，而是地学的研究领域。

20 世纪 50 年代，人造地球卫星上天，使宇宙间又增添了人造天体，关于它们的运行轨道、运行状态也是天文学义不容辞的研究内容。

1948 年，美国科学家加莫夫等人提出了大爆炸理论，天文学开始探究起了宇宙的起源。直到 21 世纪，引力波的发现，为探索宇宙起源又翻开了新的篇章。

二、天文研究的方法和特点

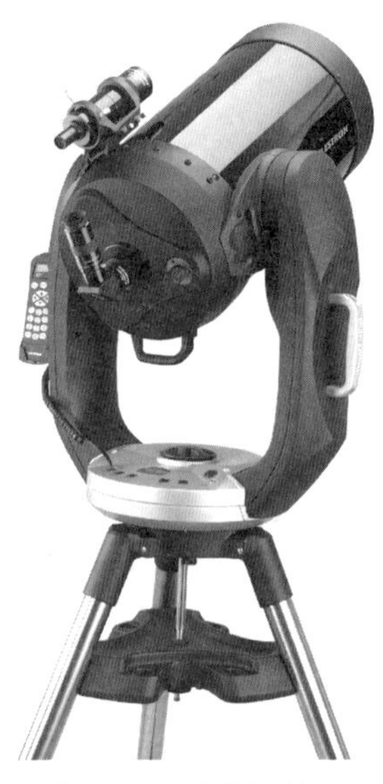
图 1-2　天文望远镜

天文学以对天体的观测作为基本的研究方法。在望远镜发明以前，天文观测采用的是目视方法，直接观测天体在天空的视位置和视运动，另外也粗略地估计星星的亮度和颜色。17 世纪以后相继有了望远镜、分光镜和光度计，不仅提高了天体位置观测的准确度，而且扩大了对宇宙的认识。到了 20 世纪，大口径望远镜的问世，使得人类所能探测到的宇宙的深度和广度与日俱增，不少模型、学说由观测得以证实，新天体、新发现大量涌现。20 世纪 30 年代以后，人们越来越广泛地使用无线电方法研究天体和宇宙间的辐射，从而诞生了射电天文学。诸如类星体、脉冲星、星际有机分子、微波背景辐射等天文学新概念相继出现。20 世纪 50 年代，人造地球卫星发射成功，人类把观测范围由地面扩展到地外空间，天文学家可以自由地探测天体的各种辐射。21 世纪，激光干涉引力波天文台（LIGO）对引力波的发现，赋予了人类探究宇宙的新方法——引力波天文学。如今，天文空间探测已经有了长足的发展，人类不仅把望远镜送上天，而且还借助飞行器踏上月球，或把仪器送到其他行星上进行直接观测或实验。因此，尽管关于天文学“被动观测的科学”的说法现在已经不很全面了，但大部分情况下我们还是不能主动去实验，只能被动地观测。所以观测在天文学研究中有其特殊的重要性。

图 1-3　射电望远镜

图 1-4　太空望远镜

天文观测还强调对天体进行全局、整体图景的综合研究。

天文学还需要把观测所获得的大量原始资料进行“精加工”——用计算机进行理论分析，才能揭示出它们的本质。

此外，天文学还具有大科学的特征，需要较大的投资强度，需要强有力的协调，需要观测设备和天文台有一个合理的地理布局，甚至是全球范围内的合理布局（因为在某一地点只有一定时间才能观测一定范围的天区，局部气象条件、地面光也会影响观测），需要大、中、小型设备的互相补充（尽管大型观测设备通用性强，配上各种附属设备可以支持多个领域的许多研究课题，但造价昂贵），还需要空间和地面观测同时进行（因空间观测设备固然威力巨大，但毕竟造价极高，建设周期很长，观测时间有限，而且难于装备重型附属设备）。

天文学研究方法还需要哲学观点的支持，因为哲学是关于世界观、宇宙观的科学，是自然科学知识和社会科学知识的概括和总结。

三、天文学研究的意义

天文学与任何其他科学一样，是为人类生产和生活服务的。不过，天文学的历史最为悠久。整个人类文明发展史证明，天文学对于人类生存和社会进步具有极其重要的意义。

1. 时间服务

准确的时间不单是人类日常生活不可缺少的，而且对许多生产和科研部门更为重要。最早的天文学就是农耕和游牧民族为了确定较准确的季节而诞生和发展起来的。现代的一些生产和科研工作更离不开精确的时间。例如，某些生产、科学研究、国防建设和宇航部门，对时间精度要求精确到千分之一秒，甚至百万分之一秒，否则就会失之毫厘，谬以千里。而准确的时间是靠对天体的观测获得并验证的。

2. 在大地测量中的应用

对地球形状大小的认识是靠天文学知识取得的。确定地球上的位置离不开地理坐标，测定地理经度和纬度，无论是经典方法还是现代技术方法，都属于天文学的工作内容。

3. 人造天体的发射及应用

目前，人类已向宇宙发射了数以千计的人造天体，其中包括人造地球卫星、人造行星、星际探测器和太空实验站等。它们已经广泛应用于国民经济、文化教育、科学研究和国防军事领域。仅就人造地球卫星而言，有通信卫星、气象卫星、测地卫星、资源卫星、导航卫星等，根据不同需要又有地球同步卫星、太阳同步卫星等。所有人造天体都需要精确地设计和确定它们的轨道、轨道对赤道面的倾角、偏心率等。这些轨道要素需要进行实时跟踪，才能保持对这些人造天体的控制和联系。这一切都得借助天体力学知识。

4. 导航服务

天文导航是实用天文学的一个分支学科，它以天体为观测目标并参照它们来确定舰船、飞机和宇宙飞船的位置。早期的航海航空定位使用六分仪(测高、测方位)和航海钟，靠观测太阳、月亮、几颗大行星和明亮恒星，应用定位线图解方法来确定位置。这种方法精度较低，且受天气条件限制。随着电子技术的进步，已发展了多种无线电导航技术来克服这方面的缺陷。宇宙航行开始以后，为了确定飞船在空间的位置和航向，天文导航也有相当重要的作用。目前，全球卫星定位系统(GPS)技术的应用，使卫星导航更精确。卫星导航不仅普遍用于航天、航空、航海，而且还用于陆面精确的定位。

5. 探索宇宙奥秘，揭示自然界规律

茫茫宇宙，深邃神秘。随着对宇宙认识的深入，人类从宇宙中不断获得地球上难以想象的新发现。例如，19 世纪初，曾有位西方哲学家断言，恒星的化学组成是人类永远不可能知道的。但过了不久，由于分光学(光谱分析)的应用，人类很快知道了太阳的化学组成。其中的氦元素就是首先在太阳上发现的，25 年后人们才在地球上找到它。太阳何以会源源不断地发射如此巨大的能量，这是科学家早就努力探索的课题。直到 20 世纪 30 年代，有人提出氢聚变为氦的热核反应理论，才完满地解决了太阳产能机制问题。几十年后，人类在地球上成功地实验了这种聚变反应——氢弹爆炸。

20 世纪 60 年代，后天文学中的四大发现(类星体、脉冲星、微波背景辐射和星际有机分子)令人大开眼界：

①类星体，现在天文学家对它已经了解，所谓类星体就是活动星系核。但人们发现当时只知道它是与恒星不同的、远离地球的特殊天体，在很长一段时间对它的本质是疑惑的。

②脉冲星，它就是 20 世纪 30 年代曾被预言的超高密态的中子星。它的巨大引力可把电子牢牢束缚住，以致形成简并中子物态，它的密度达数亿吨/立方厘米。

③微波背景辐射，即弥漫全天的辐射，它相对应的温度约为绝对温度 3 K。

现在已有证据表明它是原始的宇宙大爆炸以后，冷却到现在的残留余温。

④星际有机分子。恒星之间的空间，并非绝对虚空，而是充满着星际物质，这是人类早已知道的。但在宇宙间居然发现了氨、甲酸、乙醇等较为复杂的有机分子。星际有机分子的发现，即意味着宇宙空间可能存在由分子合成生命的过程，生命可在宇宙的许多地方产生。

天文学的发展史证明，人类的认识能力是不可穷尽的。从托勒密的地球中心说到哥白尼的日心说，从开普勒关于行星三大定律的发现到牛顿万有引力定律的建立，从哈勃发现星系红移规律到当前大爆炸宇宙理论的热门话题，一个接一个的宇宙奥秘被发现和揭穿。新发现的天体现象又成为认识天体的新起点。新的观测事实如果与旧理论相矛盾，会促使人们去建立新的理论，探寻新的定律，从而推动科学的进步和发展。

6. 天文学与地学的关系

地球作为一颗普通的行星，运行于宇宙空间亿万颗星体之间，地球的形成、演化及重大地质历史事件无不与其宇宙环境有关。事实表明，地球本身记录了在地质历史时期所经历的天文过程的丰富信息。例如，地球自转变慢，就是通过古代珊瑚化石的研究证实的。珊瑚也像树木年轮那样具有“年带”。珊瑚每天周期性地分泌碳酸钙，在身上形成一条条“日纹”。3.2 亿年前的珊瑚化石，每个年带含有 400 条日纹，表明那时地球一年自转 400 圈，说明那时地球自转比现在快得多。这与理论推算的结果十分一致。人们很早就注意到地质现象普遍存在着周期性，天体星系的运行及演化也无一不按自己的规律进行，而且地质周期同天文周期存在着某些对应关系。太阳绕银河系中心运动的周期大约是 2.5 亿年，这叫作太阳的银河年。在一个银河年中，太阳处于银河系的不同位置，由于宇宙环境的变化，会给太阳和地球带来影响。

全球性冰期成因一直是科学家努力探讨的问题。在最近 7 亿年间，出现过三次大冰期，地球上冰川广布，气候明显变冷。第一次大冰期出现在 6.5 亿～7 亿年前的前寒武纪晚期；第二次出在 2.7 亿～3.5 亿年前的石炭—二叠纪期间；第三次是 200 万年前开始的第四纪冰期。三次大冰期的时间间隔 2.8 亿～3.5 亿年，与太阳系银河年周期接近。目前大部分有关这方面的探讨文章均认为冰期成因与天文因素有关。其具体因果机制有三种观点：

①有人认为，太阳系在银河系中运动，当太阳位于近银心点附近，万有引力常数 G 值减小，太阳光度变弱，导致地球上发生冰期。

②有人认为，银河系的物质密度分布不均，当太阳运行在银河系中物质密

度较大的位置时,太阳光被遮蔽而导致冰期。

③有人认为地球运动三要素(轨道偏心率、黄赤交角、岁差)周期性改变是导致地球冰期的主要原因。通过对三个参量(即要素)变化的计算,可求知地质历史时期太阳对地球任何纬度的日照量,进而认为这三个参数的变化与地球上第四纪的亚冰期和间冰期有因果关系。

太阳绕银河系中心运转时,有在银河两侧往返运动的特征。其周期约为0.8亿年,即太阳系在银道面一侧的时间为0.4亿年。有趣的是地质史上显生代以来的构造运动,也表现出0.4亿年周期。地球上生物的发展和灭绝也可能与某些宇宙环境因素有关。最令人迷惑不解的地质历史事件莫过于中生代恐龙的灭绝了。目前已有较多的古生物学家和地质学家认为它与天文因素有关。导致恐龙灭绝的,除上述某些天文事件外,还可能有下列原因:

①小行星或彗星撞击地球,骤然改变地表环境。

②太阳活动加剧,耀斑大量爆发。当地球磁场改变(如磁极倒转),地球失去磁场屏障,太阳辐射粒子和宇宙线强烈袭击地球。

③超新星爆发可释放宇宙间罕见的巨大能量。如果有靠近太阳系的超新星爆发,足以给地球造成灾难性的影响。

7. 探索地外生命和地外文明

人类在探索宇宙奥秘过程中,对地外生命和地外文明的寻求是最令人神往的。我们认为宇宙是一个和谐的整体,它不会偏爱地球。像地球这样一个充满生机的星球,在宇宙中应该还存在着。

第二章
天文学的发展

一、古代天文学的起源和发展

人类文明史证明，科学技术的进步取决于人类社会存在的物质条件。最早产生和发展起来的科学部门，往往是与生产和生活实践关系最密切的那些知识领域。天文学正是与人类文明同时发端的一门古老科学。不难想象，人类在有文字记载之前，由于农牧业生产和实际生活的需要，就开始注意某些显著的天象了。如掌握季节变化、记录时间和确定方向，都离不开对日月星辰运行的观测。自从有了文字之后，天文学便在人类文明的发祥地萌芽并诞生了。可见，天文学的产生不是历史上的某种偶然因素造成的。

古埃及天文学起源很早，大约在公元前60世纪尼罗河流域的农业生产中就得到了发展。公元前40世纪初，尼罗河流域就进入了金石并用的时代。尼罗河是埃及文明的摇篮，每年一度的河水泛滥，给埃及土地带来了水和肥沃的淤泥。埃及人注意到，每当天空最亮的天狼星第一次于日出之前在东方地平线上出现（偕日出），那就预示尼罗河即将泛滥了。于是，埃及人在制定历法时，便以天狼星偕日出的日子作为一年的起点，人们叫它天狼星年。他们还认识到太阳在恒星间一年移动一周。大约在公元前30世纪就能确定一年的长度，先是定为一年365天，然后又定为365天多一点。接着又规定每年12个月，每月30天，在年末再加5个附加日。到公元前238年，埃及人正式颁布每4年再加上一个闰日的历法（但并未执

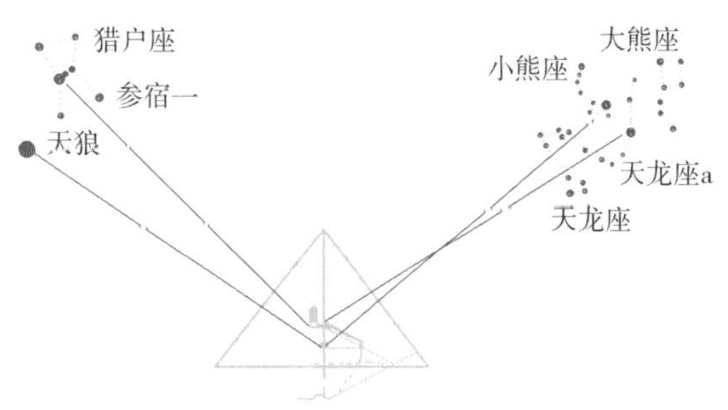

图 2-1 大金字塔里的四个通道定位

行),这实际上就是现行阳历的前身。近代人发现,埃及金字塔的南北方向非常准确。有一座金字塔坐落在北纬30°线上,塔的正北有一通向地宫的通道,其倾角也恰好是30°,表明这个通道正好对着北极。古埃及人的棺盖上还发现了绘有著名星座的星图。这都说明古埃及人在当时已掌握了一定的天文知识。

巴比伦和亚述是亚洲西部底格里斯河和幼发拉底河一带的两个帝国。历史上两河流域的民族有几次大的变动。大约在公元前30世纪初至20世纪初,生活在这一带的苏美尔人和阿卡德人创立了楔形文字。到公元前19世纪后的巴比伦和亚述时代,两河流域文化进入兴盛时期。从考古发掘中得知,两河流域的人们很早就知道河水泛滥和季节变换都与天象有关。为了保证农业生产和预报河水泛滥的时间,需要制定精密的历法。为此,僧侣们经常在寺塔顶层用窥管观测天象。到公元前1700年前,巴比伦有了统一的历法。该历以月相循环周期为基础,以蛾眉月第一次在日落后重现在西方时为一个月的起始。一年12个月,其中6个大月,每月30天;6个小月,每月29天。再用闰月协调与季节的关系,到公元前383年规定为19年7闰。这已经非常接近科学实际的阴阳历了。

巴比伦人和亚述人还认识了12个月和“金木水火土”五星的运行规律。公元前13世纪,他们把黄道附近的星区划分为12个星座。当时的12个星座与黄道十二宫是一致的,它们与现代通用的名称完全一样。巴比伦人和亚述人都把日月五星看作天神,一直到公元前650年,七个天神轮流值日的周期已经形成。现行的星期制度大概就是从那个时候开始的。

至于预报交食的沙罗周期是否是巴比伦人的发明,目前尚有争议。近来有人考证,没有任何文献能证明迦勒底人曾使用过交食周期预报日月食。但他们已认识到了黄道和白道,月食一定发生在望,并且只有当月亮靠近黄白交点时才能发生食。

巴比伦人还把宇宙看成是由隆起的大地、天空和海洋三部分组成的,大地屹立于海洋之中。这与中国古代的盖天说是一致的。

公元前12世纪,印度开始有了文字记载的历史。由于农业生产的需要,印度早就创立了自己的阴阳历。印度位于北半球热带,各地气候变化有差异,因此各地历法不一。有的地区以12个恒星月为一年,1个恒星月为27天,全年324日;有的地区以13个恒星月为一年,全年351日;有的以12个朔望月为一年,一年354日。有的地区以360日为一年;有的以366日为一年。印度人对季节的划分也不一样:有的将一年划分为春、夏、雨、秋、冬、凉六季;有的划分为冬、夏、雨三季。但印度地处热带季风气候区，无论将一年划分为六季还是三季，都是符合当地情况的。

为了表示日月五星的运动情况，印度人曾把黄道天区划分为27个相等的部分，称其为27个月站，这与恒星月周期相符。印度人还把朔望月分为两部分，自朔至望称白月，自望至朔称黑月。人们还往往以满月时月亮所在的星座命名月份，如角宿月、氐宿月等。

公元前9—前8世纪间，即吠陀时代，印度人已经掌握了一定的天文历法知识，他们认为大地是平的，天也是平的，大地中央是神圣的须弥山，日月星辰都围绕须弥山运转。他们把一年定为360日，把一年分为12个月。

希腊是欧洲文明的发源地，它地处巴尔干半岛南部。特殊的地理位置，使它很容易接受古代的东方文明。希腊人继承了埃及和巴比伦的文化遗产，在天文学方面做出了重要贡献。从公元前6世纪到公元2世纪近800年间，希腊天文学发展迅速。在这期间，先后出现过四大学派。

(1)爱奥尼亚学派(米利都学派)(公元前6世纪—前5世纪)

图 2-2　泰勒斯

这是由居住在小亚细亚西端的泰勒斯创立。该学派的主要贡献是把巴比伦和埃及的天文学知识介绍到希腊。被誉为“科学之父”的泰勒斯认为：地是在空中，没有什么东西支撑它；月亮并不是本身发光，而是反射太阳光；太阳和大地一样都是一团纯粹的火。他利用从巴比伦学来的天文知识成功地预报过一次日食，使当时正在西亚交战的两个民族都感到惊恐，从而制止了一场旷日持久的战争。据现代天文学考证，这次日食的时间应该是公元前585年5月28日。爱奥尼亚学派还认为宇宙是大自然的产物，可见的天空是完整球形天空的一半，圆盘状的大地倒扣在球体中心，天空的星辰都随同天空围绕北极星旋转。

(2)毕达哥拉斯学派(公元前6世纪—前4世纪)

该学派由定居在意大利南部的著名几何学家毕达哥拉斯创建。毕达哥拉斯断言，大地为球形，月食是由于球形大地的影子投射到月亮上形成的，月食时阴影的边缘总是呈弧状的，因为圆是最完美的几何图形。日月五星的视运动是缘于地球自身运动的反映。该学派关于天体运动和谐性的描述对文艺复兴后的天文学家哥白尼、开普勒的理论产生了很大的影响。另一名伟大的学者德谟克利特提出了著名的原子学说，他认为万物都由原子组成，地球和其他天体都是由于原子涡动而形成的。他还推测出太阳比地球大，银河是由众多恒星聚集而成的。

(3)柏拉图学派(公元前427—前347年)

该学派是由雅典哲学家柏拉图创立的。他接受毕达哥拉斯学派关于圆是最完美图形的观点，并用这个观点解释宇宙。这个学派的著名天文学家欧多克斯(公元前409年—前356年)设想：地球是万物中心，日月众星附在各自的透明水晶球上绕地球运转；所有恒星都位于最外面一层的水晶球上；所有的水晶球都被恒星天体带动着运转。柏拉图的学生亚里士多德(公元前384年—前322年)是古希腊最伟大的思想家。在天文学方面，他支持欧多克斯的同心圆理论，并认为在恒星之外，还有一层统率所有天球运动的宗动天。他坚持认为大地是静止不动的，否则，一定会观测到恒星的视差位移。在以后的两千年间，这个理由一直是地球不动的重要证据。

(4)亚历山大学派(公元前332年—前146年)

公元前332年—前146年期间又称希腊化时期。可以说，此时的天文人才济济，成果累累。该学派的第一位天文学家阿利斯塔克(公元前310年～前230年)那时就独自主张太阳中心说。他认为太阳和恒星静止不动，而地球和五个行星都以太阳为中心运转。由于地球每年绕日一周，同时又每天自转一周，所以才产生天体的周年变化和周日视运动。他还认为恒星与地球的距离，要比与太阳的距离远得多，地球公转的小圈子只能算作一个“点”，所以看不出恒星的周年视差位移。阿利斯塔克还用三角法测量过太阳、月球和地球之间的距离及地球的大小。这些结果虽然不准确，但他开创了人类用科学方法研究天体距离和大小的先河。

地球的大小是人们很关心的问题。居住在亚历山大的埃拉托色尼(公元前275年—前193年)巧妙地利用基本位于同一子午线上的塞恩(今阿斯旺)和亚历山大在夏至日正午太阳高度的差别，以及两地间的距离，算出地球的大小，得知地球周长39 600 km，与实际值非常接近。

希腊的另一位大天文学家喜帕恰斯(前190—前125年)是古代方位天文学的奠基人。公元前2世纪，观测天文学在亚历山大盛行一时。喜帕恰斯通过自己的辛勤观测和对前人观测资料的分析，首先在日月运动方面取得许多新的成就。他算出一年较准确的长度，测得白道与黄道交角约为5°，发现其交点每19年沿黄道移动一周，还发现了岁差。他对恒星的方位作了精密的测量，编制了包含有1080个恒星的星表。这对以后西方天文学的发展起了很大的作用。

在喜帕恰斯出现之后的300年中，希腊天文学进展不大。最令人瞩目的是工作在亚历山大的天文学家托勒密(公元85年—165年)。他集古代希腊天文学之大成，写出不朽的巨著《大综合论》(后来阿拉伯人译成为《天文学大成》)，概括了希腊时期天文学的所有成就。托勒密的宇宙体系仍以地球为中心。他采用喜帕恰斯等人对亚里士多德的修正，放弃水晶球，只用等速圆周运动来说明行星的运行。为了解释行星的顺行和逆行等复杂情况，他又提出本轮和均轮的概念。由于中世纪教会的影响，托勒密的著作《大综合论》成为中世纪的天文典，在以后的一千多年内，他的"地心说"理论被欧洲和西亚人一直奉为经典。

图2-3　托勒密

二、近现代西方天文学的发展

由于教会的影响，亚里士多德和托勒密的地心体系成为中世纪神学世界观的支柱，天文学的发展却证实这个地心体系的破绽越来越多。文艺复兴时期已有进步天文学家对漏洞百出的地心体系表示怀疑。但真正打破这个体系的是16世纪伟大的波兰天文学家哥白尼。

图2-4　哥白尼

1543年，波兰天文学家哥白尼(1473—1543)发表了经40年潜心观测与研究的成果——《天体运行论》，在书中首次系统地提出了日心体系。哥白尼认为，地球不是宇宙中心，而是一颗普通的行星，太阳才是宇宙中心，行星运动的一年周期是地球每年绕太阳公转一周的反映。日心说被天主教庭视为异端邪说。《天体运动论》被恩格斯誉为"自然科学的独立宣言"，是当代天文学的起点，当然也是现代科学的起点。

日心说的观点是：①地球是球形的。如果在船桅顶放一个光源，当船驶离海岸时，岸上的人们会看见亮光逐渐降低，直至消失。②地球在运动，并且24

小时自转一周。因为天空比大地大得太多，如果无限大的天穹在旋转而地球不动，实在是不可想象。③太阳是不动的，而且在太阳系中心，地球以及其他行星都一起围绕太阳做圆周运动，只有月亮环绕地球运行。

日心说是人类认识宇宙的重要里程碑，推动了天文学的革命。它既是人类宇宙观上的重大进步，也是科学真理面对宗教教义的胜利。

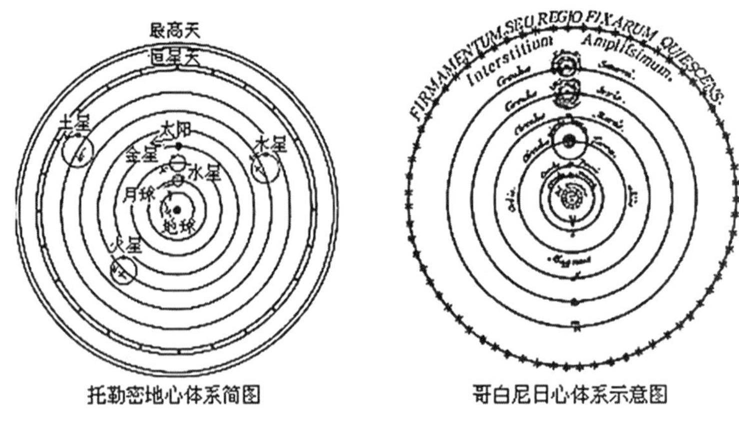

托勒密地心体系简图　　哥白尼日心体系示意图

图 2-5　地心说与日心说的对比

哥白尼死后，意大利思想家布鲁诺（1548—1600）发展了他的理论，于 1584 年出版了《论无限宇宙和世界》，更大胆地提出宇宙无中心的观点。他认为，宇宙是无限大的，其中各个世界是无数的，太阳并不是宇宙的中心，而是千万颗普通恒星之一，不仅太阳有行星，其他恒星也有行星，甚至也有可以居住的星球。结果他被宗教法庭烧死在罗马繁花广场上。

意大利天文学家伽利略也是哥白尼学说的热烈信奉者。他利用自制的能放大 30 倍的望远镜，观测到许多足以说明哥白尼学说的现象，如金星绕太阳转动、月亮上的山和“海”，看到了繁星密布的银河、木星的四颗卫星以及太阳表面的黑子。他的许多发现有力地证明了哥白尼的日心学说。

图 2-6　伽利略

德国天文学家开普勒师从著名天文学家第谷，也是他最得力的助手，他很欣赏哥白尼的日心体系。他继承了老师的事业，利用第谷多年积累的观测资料，仔细分析研究，发现行星沿椭圆轨道运行，并提出了行星运动三定律，为牛顿发现万有引力定律打下了基础。在第谷的工作基础上，开普勒经过大量的计算，编制成“鲁道夫星表”，表中列出了1005颗恒星的位置。这个星表比其他星表要精确得多。因此，直到18世纪中叶，“鲁道夫星表”仍然被天文学家和航海家们视为珍宝。这些天文学家的理论都有力地支持了日心说。但直到17世纪后期牛顿力学体系诞生之后，日心说才真正战胜了地心说。

三、中国天文学发展

原始社会的新石器时代是我国天文学的萌芽阶段。当时的人们开始注意到太阳升落、月亮圆缺的变化，从而产生了时间和方向的概念。从考古发掘看，半坡民族的房屋都向南开门，一些氏族的墓穴也都向着同一个方向。人们还在陶器上绘制了太阳、月亮乃至星辰的纹样。

进入奴隶社会以后，天文学逐步得到发展。相传在夏朝已有历法，所以今天我们还把农历称为“夏历”。根据甲骨文的记载，商代将一年分为春、秋两个季节，平年有12个月，闰年有13个月，大月30天，小月29天。商代甲骨文中还有世界上关于日食、月食的最早记录。西周已设专门人员管理计时仪器和进行天象观测。春秋时期，人们已能由月亮的位置推出每月太阳的位置，在此基础上建立了二十八宿体系。根据《春秋》一书记载，当时已将一年分为春、夏、秋、冬四季。在同一书中还记有“鲁文公十四年(公元前613年)秋七月，有星孛入于北斗”。这是世界上关于哈雷彗星最早的记录。而《左传》中记载“鲁庄公七年(公元前687年)，夏四月辛卯夜，恒星不见，夜中星陨如雨”，是世界上最早的天琴座流星雨记载。

在两千多年的封建社会里，我国天文学取得了辉煌的成就。战国时期的甘德、石申撰写了世界上最早的天文学著作，后人将他们的著作合在一起成为《甘石星经》。书中详细记载了五星运行之情况，以及它们的出没规律，并肉眼记录了木卫二。随着天文观测的进步，人们订立了二十四节气，使天文学更好地服务于农业生产。秦汉时期，天文学有了长足的进步。全国制定统一的历法。西汉武帝时，司马迁参与改定的“太初历”，具有节气、闰法、朔晦、交食周期等内容。这一时期，还制作出浑仪、浑象等重要的观测仪器，对后世有深远的影响。特别是两汉时期，在天文学理论上，人们对宇宙的认识逐步深化，提出了“浑天说”，认为“浑天如鸡子，天体圆如弹丸，地如鸡子中黄，孤居于内”，即将宇宙比喻为鸡蛋，地球如同蛋黄漂浮于宇宙中。进而又有人提出“宣夜说”，认为“天”没有固定的天穹，而是无边无涯，这实际就是说宇宙空间是无限的。

三国两晋南北朝时期,天文学仍有所发展。祖冲之在刘宋大明六年(公元462年)完成了"大明历"。这是一部精确度很高的历法,如它计算的每个交点月(月球在天球上连续两次向北通过黄道所需时间)日数为27.212 23日,同现代观测的27.212 22日只差万分之一日。祖冲之还发现了岁差等现象。

隋唐时期,又重新编订了历法,并对恒星位置进行了重新测定。僧一行、南宫说等人进行了世界上最早的对子午线长度的实测。人们根据天文观测结果,绘制了一幅幅星图。在敦煌就曾发现唐中宗李显时期(705—710年)绘制的星图,共绘有1350多颗星,这反映了中国在天象观测上的高超水平。要知道,欧洲直到1609年伽利略发明望远镜之前,始终没有超过1022颗星的星图。

宋元时期,中国天文学发展进入顶峰时期,高度发达的经济支持着天文学的发展。北宋苏颂(福建同安人)等人创建的水运仪象台以水为动力带动一套精密的机械,既可观测天体,又可演示天象,还能自动报时,成为世界上著名的天文钟。数据精确程度和现代数值相差无几。元代郭守敬革新简化唐宋浑仪创制的简仪在同类型天文仪器中居于世界领先地位。他还创造了中国古代最精密的历法——"授时历",定一年为365.242 5天。这和现行公历——"格里高利历"是一样的,但比"格里高利历"早了300多年。

图2-7　苏颂

明朝前期,中国天文学开始进入停滞时期。明中期,欧洲传教士带来欧洲天文学知识,促进了中国天文学进一步发展。徐光启等人翻译了一批欧洲天文著作,并制造了一些天文仪器,安装在北京古观象台。清朝建立后,在中国的传教士又督造了六件铜质大型仪器,这些仪器保存至今。清代学者在天文学理论上也取得了一些突破,如在《仪象考成续编》一书中提出恒星有远近变化,也就是认识到恒星有视向运动。由于明清两代的锁国政策,中国开始对外封闭,不利于学术交流。明朝禁止私人编历显示了学术自由正在被消灭,天文学知识的传播被中断了,虽清朝大力提倡考据学,但于事无补。明清两代的错误政策,使东西方科学及技术差距加大。

相关资料

★布鲁诺

布鲁诺，意大利哲学家和思想家。1583 年，布鲁诺到英国批判经院哲学和神学，反对亚里士多德、托勒密的地心说，宣传哥白尼的日心说。1585 年，他去德国宣传进步的宇宙观，反对宗教哲学，进一步引起了罗马宗教裁判所的恐惧和仇恨。1592 年，布鲁诺在威尼斯被捕入狱。在被囚禁的八年中，布鲁诺始终坚持自己的学说，最后被宗教裁判所判为“异端”并烧死在罗马鲜花广场。布鲁诺的主要著作有《论无限宇宙和世界》，书中捍卫哥白尼的日心说，并明确指出“宇宙是无限大的”“宇宙不仅是无限的，而且是物质的”。他还著有《诺亚方舟》，抨击死抱《圣经》的学者。

★伽利略

1609 年，伽利略通过自制的望远镜观察发现：月亮不是一个光滑的球体，它的表面矗立着无数座火山口和高山。于是他得出结论：从总体来看，天体不是平滑完美的，而是和地球同样，具有凹凸不平的表面。通过观察，他看到从整体来讲，银河并不是一片银色的云体，而是由众多的个体星星组成的，这些星星距离我们如此遥远以致用肉眼看上去就成了模糊的一片。通过对行星的观察，他发现有些环带包围着土星，有四个卫星绕着木星运行。这显然说明了地球以外的行星周围也可能会有运行的天体。通过观察，他发现了太阳黑子(事实上在他以前就有人观察到了太阳黑子，但是他公布的观察结果更有说服力，因而引起了科学界的重视)。他发现金星这颗行星的盈亏和月亮的盈亏十分相似。这对于说明地球和所有其他行星都绕太阳运行的哥白尼学说是一项重要的证据。由于支持哥白尼学说而招致了有势力的教会的反对，1616 年，他被下了一道禁令，不准讲授哥白尼学说。1632 年，他出版了《关于托勒密和哥白尼两大世界体系的对话》。1633 年，他被罗马梵蒂冈宗教裁判所判处 8 年软禁，并再次被逼表示和哥白尼学说决裂。1642 年 1 月 8 日，伽利略病逝。

★阿里斯塔克斯的日心地动说

古希腊天文学晚期最著名的是亚历山大学派，阿里斯塔克斯是这一学派早期的代表人物。他的大部分著作至今已失传，流传至今的唯一著作，就是关于太阳和月球的体积以及到地球的距离的论著。但是，通过其他人的引证，可以知道他还写了另一本书，在书中他建立了一个变通的日心说的模型。在该书中，他叙述了从日食、月食中月球和地球的阴影比例大小,推测出太阳实际上比地球大得多,月球比地球小。又由月球在上弦和下弦间的夹角,推测出太阳距离地球是月球距离地球的十倍。阿里斯塔克斯认为太阳、月球和地球在每个月的首个或最后的四分之一时期内,构成了一个近似的直角三角形。他估计最大角约为87°。尽管他应用的几何理论没有错,但由于观测数据有偏差,他得出了日地距离是月地距离的20倍的结论。事实上,前者是后者的390倍。阿里斯塔克斯指出,月球和太阳有几乎相同的视角,因此它们的直径与它们到地球的距离是成正比的。这符合逻辑。阿里斯塔克斯指出了太阳明显大于地球,恰恰可以用来证明日心说模型。

阿里斯塔克斯观察到月球穿过地球的阴影需要一个恒星月的时间。因此他估计地球的直径是月球的三倍。根据埃拉托色尼所计算的42 000公里的地球周长,他认为月球的周长应为14 000公里。事实上,月球的周长约为109 16公里。阿里斯塔克斯还认为一个大的东西不应该绕小的东西转动,于是他提出了“日心地动说”(可惜未被当代人接受)。他认为地球一方面每天自西向东转一周,导致天体的东升西落景象。另一方面它又在一年中绕太阳公转一周,水、金、火、木、土等行星也是一样绕着太阳公转。他还认为与地球绕日公转的轨道直径相比,恒星几乎在无限远处。因此无法看到由于地球公转而造成的恒星视差现象。

★苏颂

苏颂(1020年12月10日—1101年6月18日),字子容,汉族,原籍福建泉州府同安县(今属厦门市同安区),后徙居润州丹阳。苏颂是北宋中期宰相,杰出的天文学家、天文机械制造家、药物学家,集贤殿修撰苏绅之子。

苏颂出身闽南望族,于宋仁宗庆历二年(1042年)登进士第。官至刑部尚书、吏部尚书。宋哲宗时拜相。他执政时,务使百官守法遵职,量能授任。宋徽宗时进太子太保,累封赵郡公。建中靖国元年(1101年)卒,年八十二,追赠司空。后追封魏国公。宋理宗时追谥“正简”。

苏颂好学,精于经史九流、百家之说,至于算法、地志、山经、本草、训诂、律吕等学无所不通。作为历史上的杰出人物,其主要贡献是科学技术方面,特别是医药学和天文学方面。他领导制造世界上最古老的天文钟“水运仪象台”,开启近代钟表擒纵器的先河。李约瑟称其为“中国古代和中世纪最伟大的博物学家和科学家之一”。著有《图经本草》《新仪象法要》《苏魏公文集》等。

苏颂所研制的水运仪象台是一座高12 m，宽7 m，像三层楼房一样的巨型天文仪器。苏颂在说明中说："兼采诸家之说，备存仪象之器，共置一台中。台有二隔，置浑仪于上，而浑象置于下，枢机轮轴隐于中，钟鼓时刻司辰运于轮上……以水激轮，轮转而仪象皆动。"水运仪象台的上层是观测天体的浑仪，中层是演示天象的浑象，下层是使浑仪、浑象随天体运动而报时的机械装置。它兼有观测天体运行、演示天象变化，以及随天象推移而有木人自动敲钟、击鼓、摇铃可达准确报时的三种功用。它不仅在国内取得了前无古人的成就，而且在三个方面为人类作出了贡献，使许多中外科技史专家为之叹服。

首先，置于水运仪象台上层观测用的浑仪，通过"天运单环"与"枢轮"相连，使浑仪能随枢轮运转。这与现代天文台转仪钟控制天体望远镜随天体运动的原理是一样的。因此，可以说水运仪象台的这套装置是现代天文台跟踪机械——转仪钟的远祖。英国科技史家李约瑟对这一点给以高度评价："苏颂把时钟机械和观察用浑仪结合起来，在原理上已经完全成功。因此可以说他比罗伯特·胡克先行了六个世纪，比方和斐先行了七个半世纪。"

其次，水运仪象台顶部设有九块活动的屋板，雨雪时可以防止对仪器的侵蚀，观测时可以自由拆开。水运仪象台的活动屋顶是现代天文台圆顶的祖先。所以，苏颂与韩公廉又是世界上最早设计和使用天文台观测室自由启闭屋顶的人。

最后，水运仪象台的原动轮叫枢轮，是一个直径1丈1尺，由72根木辐，挟持着36个水斗和36个勾状铁拨子组成的水轮。枢轮顶部设有一组叫"天衡""天关""天权""左右天锁"的杠杆装置，枢轮靠铜壶滴漏的水推动。当漏壶的水滴满一个枢轮水斗时，"枢权"失去平衡，"格叉"下倾，"枢权"扬起，轮边铁拨子拨开"关舌"，拉动"天衡"，"天关"上启，枢轮下转。由于"左右天锁"的擒纵抵拒作用，使枢轮只能转过一辐，以此循环往复，等时运转。天衡系统对枢轮杠杆的这种擒纵控制与现代钟表的关键机件——锚状擒纵机构（俗称卡子），具有基本上相同的作用。所以说水运仪象台的天衡系统是现代钟表的先驱。

李约瑟在深入研究了水运仪象台之后，改变了他过去的一些观点。他在《中国科学技术史》中说："我们借此机会声明，我们以前关于'钟表装置……完全是14世纪早期欧洲的发明’的说法是错误的。使用轴叶擒纵器重力传动机械时钟是14世纪在欧洲发明的。可是，在中国许多世纪之前，就已有了装有另一种擒纵器的水力传动机械时钟。”

苏颂主持创制的水运仪象台是11世纪末中国杰出的天文仪器，也是世界上最古老的天文钟。国际上对水运仪象台的设计给予了高度的评价：水运仪象台为了观测上的方便，设计了活动的屋顶，这是今天天文台活动圆顶的祖先；浑象一昼夜自转一圈，不仅形象地演示了天象的变化，也是现代天文台的跟踪器械——转仪钟的祖先；水运仪象台中首创的擒纵器机构是后世钟表的关键部件，因此它又是钟表的祖先。从水运仪象台可以反映出中国古代力学知识的应用已经达到了相当高的水平。

第三章 天球与天球坐标

一、天球和天体的周日视运动

1. 天球

(1)天球的概念

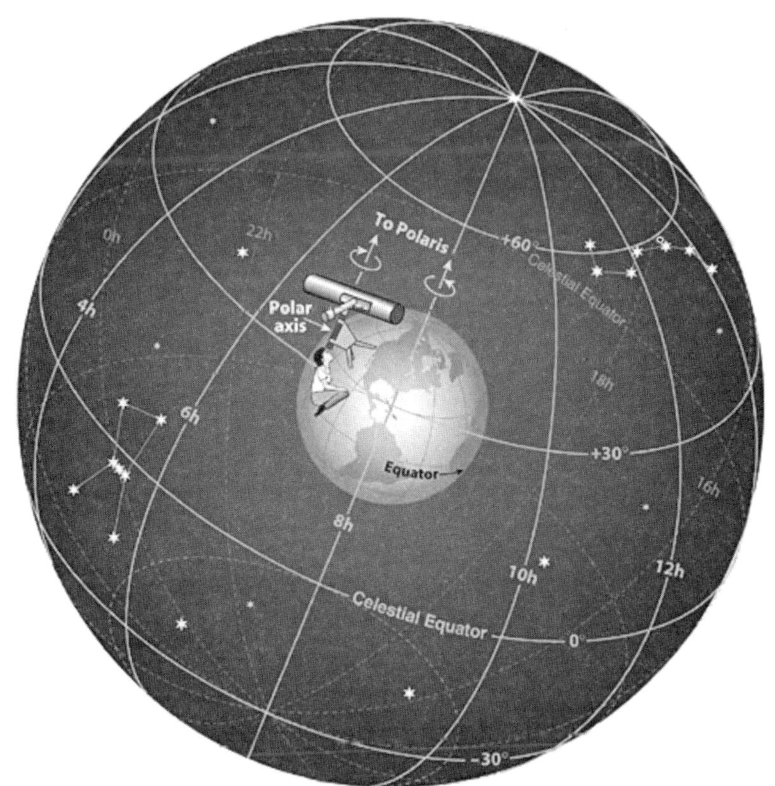

图 3-1 天球坐标的由来

天空呈球形，这是有目共睹的。众星列宿布满天空，对于这些极其遥远的天体，人眼无法分辨它们的相对远近，似乎是等距的。它们同观测者的关系，犹如球面上的点同球心的关系，正如古人所说“天似穹庐”。既然天空看起来像个球面，人们就把广漠的宇宙当作球体看待，并把天体在天空中的视位置，当作它们的真实位置。这对于那些无须考虑距离因素的，如对时间、纬度的测定来说，带来了极大的方便。这样一个假想的球体，叫作天球。天空的昼夜旋转表明，天球不但存在于地平之上，而且还有一半隐入地平之下。人们所能直接观测到的地平之上的半个球形的天空，又被叫作天穹。

天文学上在定义天球时，规定了两个条件：第一，天球的球心是观测者或地心；第二，天球的半径是任意的，它包容一切，不论天体如何遥远，总可以在天球上有它的投影。这样，既承认天体事实上的距离悬殊，又可以利用天球上的视位置对于地球的等距性。概括地说，天球就是以地心为球心，以任意远为半径的一个假想的球体，是天文学用作表示天体视运动的辅助工具。天球的半径是任意的，所有天体，不论多远，都可以在天球上有它们的投影。

(2)天球的类型

以上所说是地心天球。在说明地球或行星公转的时候，人们也使用以太阳中心为球心的天球，叫日心天球。通常所说的天球，皆指地心天球。天球有以下三种分类：

①地心天球，以地球为观测中心；

②日心天球，以太阳为观测中心；

③银心天球，以银河系中心为观测中心。

(3)研究天球的意义

研究天球是为了研究天体的位置和运动。

2. 天体的周日视运动

(1)不同天体的周日视运动

在天球坐标上，所有天体都像太阳和月亮一样，每天有着东升西落的运动，这是地球自转的反映。一般来说，恒星作为天球上的定点(不考虑自转)，其周日视运动是地球自转的单纯反映；天体周日视运动的轨迹是一些相互平行的圈，称为周日平行圈。半径最大的周日平行圈叫天赤道，它和地球赤道面重合或平行。恒星离天极越近，周日平行圈越小。如果用照相机对准北天极方向曝光一个小时左右，从照片上可以看到各天体绕天极旋转的轨迹。太阳和月球除参与整个天球的周日视运动外，还有它们自身的巡天运动。

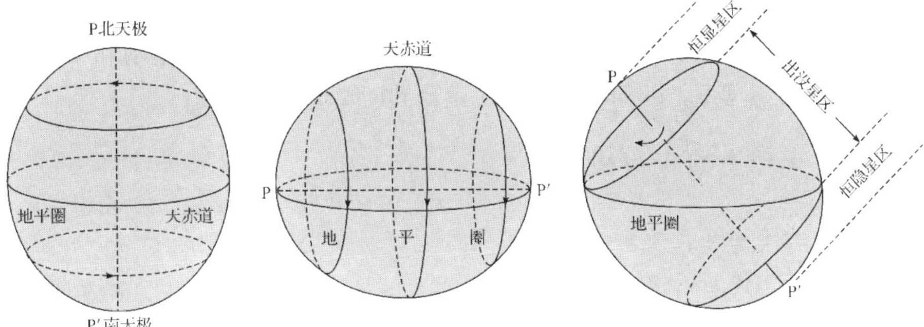

图 3-2　不同纬度的天体周日视运动

(2)不同纬度的周日视运动

在不同纬度观测天体,所见的天球范围和周日圈情况是不同的。如果我们有机会到世界各地去旅行,就会看到有趣的天体周日视运动现象。在北极,纬度 90°,所以天极高度也是 90°。显然天赤道与地平圈重合了。每颗恒星在周日视运动中都高度不变,不存在升落现象,北半天球的恒星都在各自不同的高度上作平行于地平圈的旋转运动,南半天球的恒星不可见。而在地球赤道地区,纬度为 0°,天赤道与地平圈垂直,所有的天体都直升直落。在这个地区,可以看到全天的星。在两极和赤道之间区域,当观测者从赤道走向北极时,可以看到北极星在逐渐升高,南天能看到的星逐渐减少,北天永不下落的星越来越多。

天体周日视运动的纬度差异,主要表现在恒显星、恒隐星和出没星的范围大小不同。纬度愈高,恒显星区和恒隐星区愈大,出没星区愈小,周日圈与地平圈的交角愈小;纬度愈低,仰极高度愈小,恒显星区和恒隐星区愈小,周日圈与地平圈的交角愈大。在赤道和南北两极,这种变化达到极端。例如:地球上某地纬度 30°N,恒显星区赤纬范围是+90°～+60°,恒隐星区范围是−90°～−60°,出没星区范围是+60°～−60°。

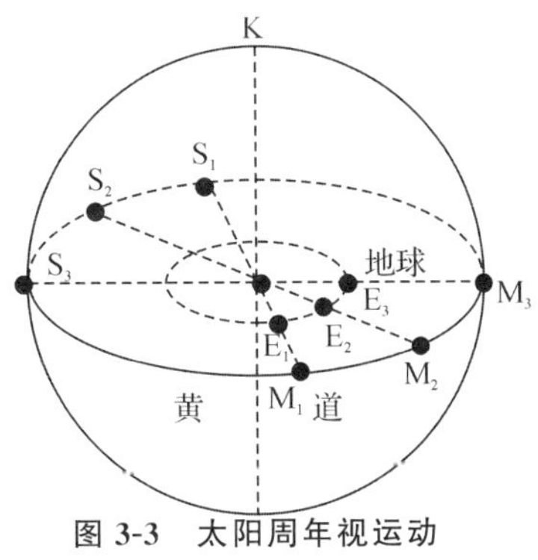

图 3-3　太阳周年视运动

3. 太阳的周年视运动

日月星辰每天都在东升西落,但并不是毫无变化地重复。同一地点不同季节太阳周日圈不同,四季星空不同,这些都是地球公转的结果。我们把因地球公转引起的太阳在恒星背景上的相对运动,叫太阳的周年视运动。在天球坐标中，太阳周年视运动的路线是黄道，对于其他恒星来说则表现为恒星周年视差（因距离远，很小）。由于太阳的周年视运动和天体周日视运动，在不同季节的同一时间内所观测到的星空也不相同。

二、天球上的点和线

1. 与地平坐标有关的点和线

（1）天顶、天底、东点、西点、南点、北点；

（2）地平圈、地平经圈、子圈、午圈、卯圈、西圈。

2. 与赤道坐标有关的点和线

（1）北天极、南天极、上点、下点；

（2）天赤道、赤经圈。

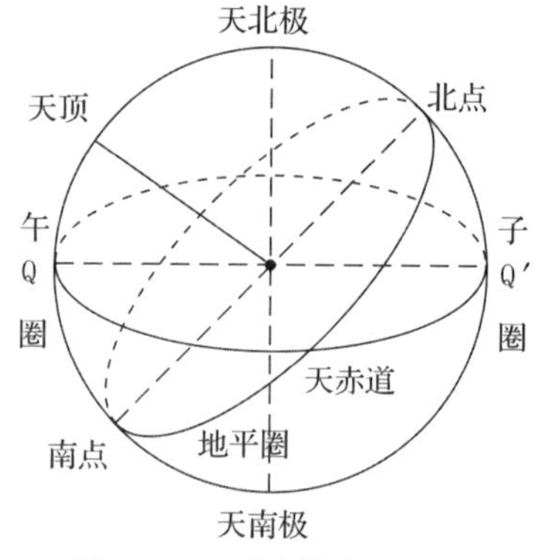

图 3-4　天球上的点和线

3. 与黄道坐标有关的点和线

（1）北黄极、南黄极、春分点、秋分点、夏至点、冬至点；

（2）黄道、天赤道、黄经圈。

三、天球坐标

1. 地平坐标系——高度和方位

①高度：以地平圈为度量起点，向上向下以角度衡量。

②方位：天文学以南点为原点，测量学以北点为原点，按顺时针方向以角度度量。

③用途：地平圈把天球分割成两部分，人们所见的天空，是地平圈以上的一半。随着天球的周日旋转，天体相对于地平圈的升落和移动，是人们目睹的最直观的天象，旭日东升、夕阳西下、如日方中……都是对太阳的方位和高度的描述。地平坐标系就是用来表示天体在天空中的方位和高度及其周日变化的。

2. 赤道坐标系

（1）第一赤道坐标系——赤纬和时角

①赤纬：以天赤道为度量起点，向北向南以角度衡量。

②时角：以上点为原点，按顺时针方向以角度度量。

③用途：第一赤道坐标系也称时角坐标系。顾名思义，这种坐标系的设

置,是用于时间的度量。我们知道,时间的度量总是与事物的均匀运动过程相联系。在天地间,最理想的均匀运动,莫过于天球周日视运动。“日出而作,日落而息”,钟表的设计,事实上就是太阳(严格地说,应是平太阳)周日视运动的翻版。天球周日视运动本身是均匀的。但是,反映在地平坐标系中方位的变化是非均匀的。这是因为,天球的旋转轴——天轴通常并不垂直于地平圈,所以,地平坐标系不能用于度量时间。要使经度随时间而均匀变化,只需把天球坐标系的基圈,由地平圈改为天赤道即可(因为天轴垂直于天赤道)。与此同时,坐标系的原点也由地平圈上的南点,改为天赤道上的上点,保留始圈(子午圈)不变。坐标系的名称随之改称赤道坐标系。

(2)第二赤道坐标——赤纬和赤经

①赤纬:以天赤道为度量起点,向北向南以角度衡量。

②赤经:以春分点为原点,按逆时针方向以角度度量。

③用途:表示天体在天球上相对不变的位置,用于编制星表。在地平坐标系中,天体的高度和方位,皆因时间和地点而变化。在第一赤道坐标系中,天体的赤纬不再变化,而它的时角仍随天球周日视运动而“与时俱增”。二者都不能提供编制星表所需要的相对不变的位置。为适应这方面的需要,天文学上创立了第二赤道坐标系。其方法是,保留天赤道为基圈,摒弃属于地平系统(超然于天球周日视运动)的子午圈,在赤道系统另择原点和始圈。

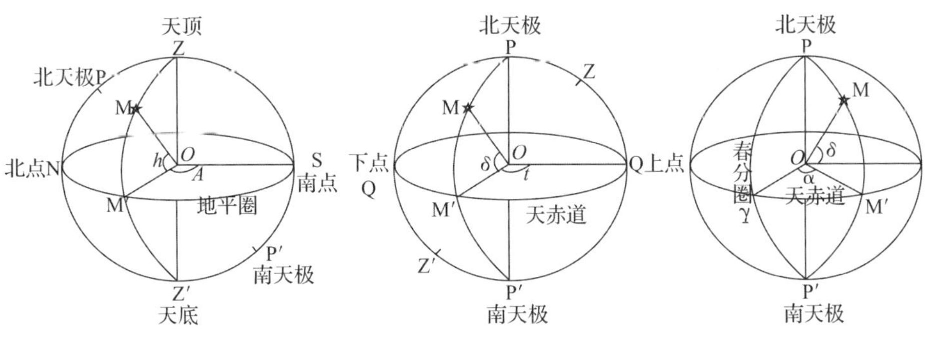

图 3-5　地平坐标系　　图 3-6　第一赤道坐标系　　图 3-7　第二赤道坐标系

3. 黄道坐标系——黄纬和黄经

①黄纬:以黄道为起点,向上和向下以角度衡量。

②黄经:以春分点为原点,在黄道上逆时针以角度度量。

③用途:表示日月行星在星空间的位置和运动。它主要应用于表示太阳系天体和天体运动。

四、各种天球坐标的区别和联系

1. 区别

黄道是太阳周年运行的轨道，黄经和黄纬特别适用于表示太阳的运行，也适用于表示太阳系的月球和行星的运行。高度和方位所表示的，是天体当时当地在天空中的位置，这种位置是生动和直观的，但也是因时间和地点而变化的。要表示天体在天空中的固定不变的位置，必须使用赤经和赤纬；时角和赤经都是天球赤道坐标中的经度，其中的时角可以直接测定，但它是不断变化的，而赤经是固定不变的，却无法直接测定。

(1)地平坐标系与第一赤道坐标系

这两种坐标系都属于右旋坐标系，它们的经度（方位与时角）都是向西度量；而且二者都以子午圈为始圈。但是，前者以地平圈为基圈，因而以南点为原点；后者以天赤道为基圈，因而以上点为原点。这样，天体的高度便不同于赤纬，方位也不同于时角。它们之间的具体差异，与当地的纬度有关：纬度愈高，二者愈接近。在南北两极，天赤道与地平圈重合，天北极位于天顶。这时，高度就是赤纬，方位等于时角。

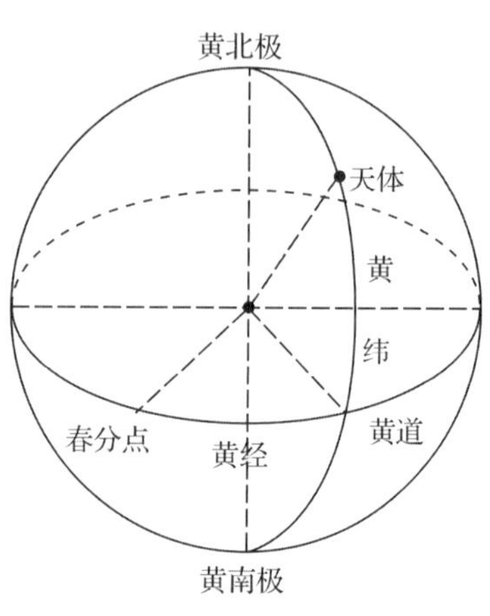

图 3-8　黄道坐标系

(2)第二赤道坐标系与黄道坐标系

这两种坐标系都属于左旋坐标系，它们的经度（赤经和黄经）都是向东度量；而且它们有共同的原点（春分点）。但是，前者以天赤道为基圈，因而以春分圈为始圈；后者以黄道为基圈，因而以无名圈为始圈。这样，天体的赤纬不同于黄纬，赤经不同于黄经。与前述两种右旋坐标系一样，它们之间的具体差异，同黄赤交角有关。

由于轨道面和赤道面受日月行星摄动的影响，黄赤交角发生微小变化。近几个世纪以来，黄极向天极靠拢，黄赤交角每世纪减小约 47″，将延续约 15 000 年后转为增大。从 1984 年起，采用其约数为 23°26′。

(3)第一赤道坐标系与第二赤道坐标系

这两种坐标系都以天赤道为基圈，因而有共同的纬度（赤纬），所不同的是它们的经度。第一赤道坐标系以子午圈为始圈，其经度（时角）自上点向西度量(属右旋系统)。第二赤道坐标系以春分圈为始圈,其经度(赤经)自春分点向东度量(属左旋系统)。所以,天体的时角不同于赤经,二者的具体差异同当时的恒星时有关。

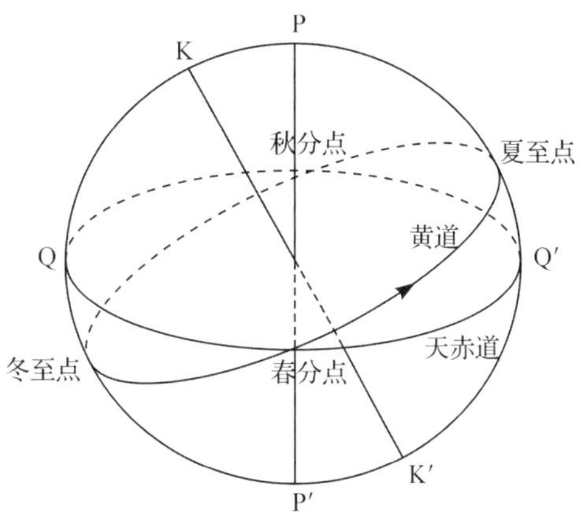

图 3-9 黄道与天赤道

2. 联系

(1)高度属地平坐标,而天北极属赤道坐标;赤纬属于赤道坐标,而天顶属于地平坐标;极距即赤纬的余角,属赤道坐标,而南点和北点都属地平坐标。

天顶的赤纬=北天极的高度=所在地的地理纬度。

天顶的极距=南点的赤纬=所在地纬度的余角。

它们都因纬度而变化。

(2)天体的时角是变化的,而赤经是不变的,但同一天体的当时的赤经和时角之和,总是等于天顶的赤经。

相关资料

★ 天球概念

天体由于引力和运动使它们保持相对的平衡。当我们抬头仰望天空时,从视觉上很难辨别出天体距离的远近,似乎是等距的,它们同观测者的关系,犹如球面上的点同球心的关系。这样太阳、月亮和恒星看起来似乎都分布在一个很大的球面上,无论我们走到什么地方,都有这种感觉。这个以观测者为中心、以任意长为半径的假想的球,称为天球。天空的昼夜变化表明,天球不但存在于地平之上,而且还有一半隐入地平之下。

在天文学上,对天球的定义强调两点:第一,天球的中心是观测者(或地心或日心或银心);第二,天球的半径是任意的,它包容一切,不论天体如何遥远,总可以在天球上有它的投影。这样,既承认天体事实上的距离悬殊,又可以利用天球上的视位置对于地球的等距性。概括地说,天球就是以观测者为中心、以任意长为半径的一个假想的球体,在天文学上用作表示天体视位置和视运动的辅助工具。

★ 天球类型

由于研究任务不同,天球中心可以选择为观测者或地心或日心……相应地就有观测者天球、地心天球和日心天球等。地心天球,这是地球上的观察者所构想的天球,它以地心为天球中心,但地球上的观察者只能在地面上观察。地心与地面的差距就是地球半径,在较大尺度的宇宙空间里,地球半径或直径这样的距离是可以忽略不计的。因此,地心天球与以地面上的观察者为中心的天球可以被看作是一致的,仅在必要的时候才作某些修正。地心天球主要用以表示太阳系以外的天体视位置和视运动;日心天球,以日心为天球中心,即假设观察者位于日心,这种天球主要用于表示太阳系内天体的视位置和视运动。

天顶和天底:沿观测者头顶所指的方向作铅直线向上无限延伸,与天球相交的一点称为天顶(Z);天球上距天顶 180°的点,即铅垂线在观测者脚底向地平以下无限延伸,与天球相交的另一点称为天底(Z′)。观测者的眼睛则为天球的中心。

地平圈:通过地心,并垂直于观察者所在地点的垂线的平面与天球相割而成的圆为地平圈,也就是人们平时所说的地平线(不过平常所说的地平线没有如此严格的定义)。或表述为通过天球中心而垂直于天顶和天底连线的平面称为地平面,地平面与天球相交而成的大圆 NWSE,称为地平圈。地平圈把天球分成可见和不可见的两个半球。天体每日视运动运行到距地平圈以上最高点称为上中天,运行到距地平圈以下最低点称为下中天。

北天极和南天极:地轴无限延伸,就成天轴。天轴与天球相交的点就是天极。天极有两个,北向的称北天极(P),南向的称为南天极(P′)(也称“天北极”和“天南极”)。离北天极约 1°处有一颗不太亮的星,即小熊座 α,中名“勾陈一”,是北极星。天南极及其近旁没有亮星,故没有南极星。所谓“南极老人星”,其实离天南极很远,离天赤道反而近,只因我国地处北半球,北方根本看不到这颗星,南方看那颗星在南边天际,故有人称它为“南极老人星”(即船底座 α)。

与北天极和南天极距离相等,且垂直于天轴的大圆,称为天赤道,即地球赤道平面任意扩展与天球相割而成的圆。实际上,它是地球赤道的无限扩大。它把天球分成南北两个半球。

四方点(或四正点):通过天顶和天底、北天极和南天极的大圈与地平圈相交的两点中,靠近南天极的那一点称为南点(S),靠近北天极的另一点称为北点(N)。自北点顺时针旋转90°的那一点为东点(E),与东点相距180°的点称为西点(W)。或表述为在某地看来,地平圈与天赤道相交的两点就是东点(E)和西点(W),它们在正东方向和正西方向。地平圈上与它们相距90°的两个点就是南点(S)和北点(N),分别在正南方向和正北方向。S、N、E、W合称为四方点。

黄道和黄极:通过天球中心作一与地球公转轨道面叠加的无限平面,这一平面叫黄道面,黄道面与天球相交的大圆,称为黄道。即地球绕日公转轨道平面任意扩展,与天球相割而成的圆为黄道。通过天球中心作一垂直于黄道面的直线,使该线与天球相交于两点,其中靠近北天极P的那一点为北黄极(K),靠近南天极P′的另一点则为南黄极(K′)。

银道和银极:在天球上沿着银河中心画出的大圆称为银道,它是银河系平均平面与天球相交的大圆,它与天赤道相交成约63.5°的交角。银河所在的平面称为银道面,在银道两侧与银道相距90°的两点,称为银极。靠近北天极的那一点称为北银极(NGP),靠近南天极的那一点称为南银极(SGP)。

二分二至点:黄道平面与天赤道平面存在23°26′的交角(长时间有一定的变幅),称黄赤交角。简单地说,黄赤交角是黄道与天赤道的交角。由于该交角的存在,黄道与天赤道有两个交点,即春分点(♈)和秋分点(Ω)。在北半球看起来,春分点是升交点,即太阳在黄道上运行过春分点后便升到天赤道平面之上,从此,太阳光直射在北半球;秋分点是降交点,即太阳过秋分点后便降到天赤道平面之下,从此太阳光直射在南半球。夏至点是黄道上的最北点,冬至点是黄道上的最南点。目前,太阳大致在每年的3月21日、6月21日、9月23日、12月22日的某一时刻运行至春分、夏至、秋分和冬至点,其日子分别称春分日、夏至日、秋分日和冬至日,习惯上就简称为春分、夏至、秋分、冬至,即二分二至日。

子午圈:通过天顶和北天极同时又过北点和南点的大圈PZSP′Z′NP,称为子午圈。

卯酉圈:通过天顶和天底同时又过东点和西点的大圈ZEZ′W,称为卯酉圈。

六时圈：通过北天极和天南极，同时又过东点和西点的大圈 PEP′W，称为六时圈。

根据同一球面上最大的圆，其圆心即为球心的叫大圆，其他的圆则为小圆。那么上述的地平圈、天赤道、黄道、子午圈、卯酉圈和六时圈均为大圆。其中地平圈、天赤道、黄道为基本圈（简称基圈）；子午圈、卯酉圈和六时圈为辅圈。

极点、交点和距点：距大圆 90°的点称为极点（如上述天顶和天底、天北极和天南极）；大圆与大圆相交的点称为交点（如东点和西点、春分点和秋分点等）；两大圆距离最大处的点称为大距点（如上点 Q 和下点 Q′、夏至点和冬至点等）。

第四章

太阳与太阳系

一、太阳

1. 空间位置

太阳是太阳系的中心天体，是银河系中的一颗普通恒星。太阳和我们的关系极为密切，是地球上光和热的主要来源，是地球上生命的源泉。

2. 日地距离

现在国际上采用的日地平均距离为1.496 0亿千米，准确说是149 597 870 km，天文学上用这个距离作为一个天文单位，光行一个天文单位的时间为499.004 79秒，即 8 分19.004 79秒，相应的太阳的地平视差为8″79418。

3. 太阳的大小和质量

由开普勒第三定律，可以算出太阳的质量是地球质量的 33 万倍，为 1.989×10^{33} g。由此可以得出太阳的平均密度为 1.409 g/cm^3。实际上，太阳的密度不均匀，越靠近中心，密度越大，中心密度为 160 g/cm^3。

4. 太阳的内部结构

①核反应区

从太阳中心至大约 0.25 个太阳半径的区域，是太阳的产能区。在这里，进行着 4 个氢核聚变成 1 个氦的热核反应，在反应中损失的质量变成了能量，这样才能连续不断地维持着太阳辐射。

②辐射区

在核反应区的外面是辐射区，它的范围从 0.25～0.86 个太阳半径的区域，辐射从内部向外部的转移过程是多次被物质吸收而又再次发射的过程。因此，从太阳核心到表面的行程，就逐步降低了它的频率，变为硬 X 射线、软 X 射线、远紫外线，最后以可见光的形式和能量更低的其他形式向外辐射。从太

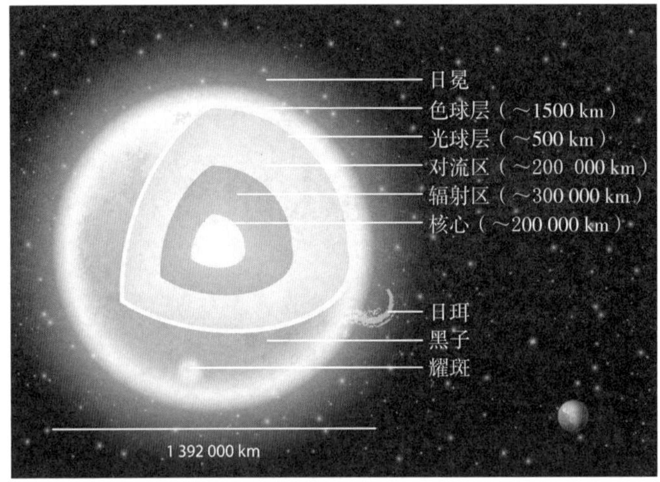

图 4-1　太阳内部结构

阳内部向外部的温度变化必须保证各层次的辐射压强和重力的平衡，才能维持太阳整体的平衡和稳定。

③对流区

在辐射区的上面至太阳表面附近是对流区（也叫对流层），能量主要靠对流向外传播。在这里，由于外层氢的电离造成此层内气体比热增加，破坏了辐射平衡所要求的温度梯度，从而破坏了流体静力学平衡，产生流动，进而发展为湍流，湍流区会产生噪声，即低频率的声波。对流区及其下面部分是看不见的，合称为太阳内部或太阳本体。它们的性质只能靠同观测符合的理论计算来确定。对于太阳大气，其性质主要由观测来确定。

太阳大气大致可分为光球、色球、日冕三个层次，各层的物理性质有显著区别。

④光球层

太阳大气最下层称为光球层，就是我们用肉眼看到的太阳圆盘，它实际上是一个非常薄的发光球层，其厚度约为 500 km，我们接收到的太阳辐射几乎全部是由这一薄层发射的。光球中布满米粒组织，这些米粒实际上就是对流层里上升的热气团冲击太阳表面形成的，在光球的活动区，有太阳黑子、光斑。

⑤色球层

位于光球之上，厚度约 2000 km。从2000 km往上实际上是由一种细长的炽热物质（称为针状体）构成的，因此色球层很像燃烧的草原。色球的亮度只

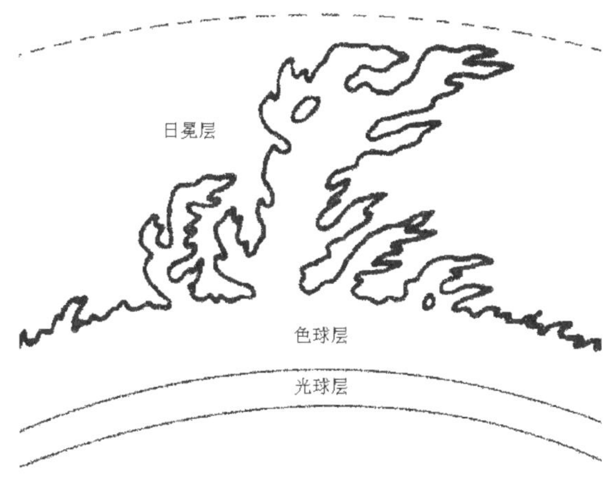

图 4-2　太阳的外部结构

有光球的万分之一，只有在日全食时，观测者才能用肉眼看到太阳视圆面周围的这一层玫瑰色的光，平时观测要用专门的仪器（所谓色球望远镜）才能看到。人们习惯于天体外层温度低于其内层温度，但在太阳这里却不同，在厚约2000 km的色球层内，温度从光球顶部的4600 K增加到色球顶部的几万摄氏度。由于磁场的不稳定性，色球经常产生激烈的耀斑爆发，以及与耀斑共生的日珥等，色球层随高度增加，密度急剧下降。

⑥日冕

太阳大气的最外层称为日冕。日冕是极端稀薄的气体层，日冕的亮度比色球更暗，平时也看不见，必须用特殊仪器（称为日冕仪）或者在日全食时才能看见。日全食时看到的日冕呈银白色。从最好的日冕照片上能够看到它可以延伸到大约 4～5 个太阳半径的距离，但是实际上它可以延伸到超过日地距离。日冕主要是由高度电离的离子和高速的自由电子组成，日冕物质（基本上是质子、α 粒子和电子组成的气体流）以很高的速度向外膨胀，形成所谓的“太阳风”。换句话说，太阳风就是动态日冕，它的运动温度在 1×10^6 K 以上。

图 4-3　日冕

5. 太阳活动与地球

(1)太阳活动的地磁效应

①磁暴

太阳磁暴是太阳因能量增加向空间释放出的大量带电粒子流形成的高速粒子流。由于太阳风暴中的气团主要是带电等离子体,并以400～800 km/s的速度闯入太空,因此它会对地球的空间环境产生巨大的冲击。太阳磁暴发生时,包括电力系统、卫星和无线电通信系统在内的诸多设施将受到严重影响,甚至破坏臭氧层。科学家们形象地把太阳磁暴比喻为太阳打喷嚏。太阳的活动对地球至关重要,因而太阳一打喷嚏,地球往往会发高烧。

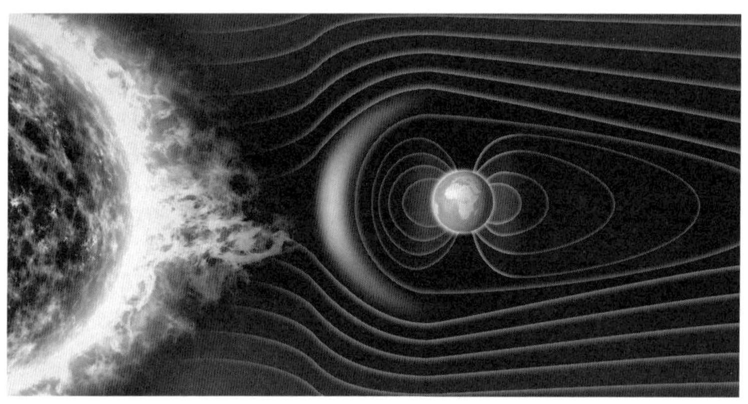

图 4-4 范艾伦带

②极光

极光出现于星球的高磁纬地区上空,是一种绚丽多彩的发光现象。而地球的极光,由来自地球磁层或太阳的高能带电粒子流(太阳风)使高层大气分子或原子激发(或电离)而产生。极光产生的条件有三个:大气、磁场、太阳风。这三者缺一不可。极光不只在地球上出现,太阳系内的其他一些具有磁场的行星上也有极光。

(2)太阳活动的电离层效应

①短波衰退;

②信号突增;

③太阳耀斑效应。

图 4-5 极光

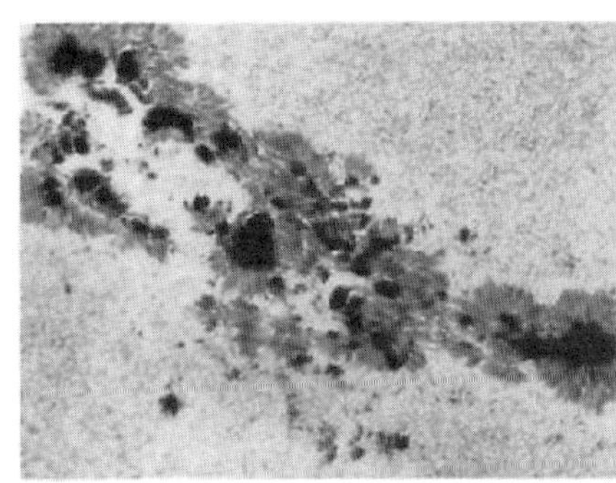
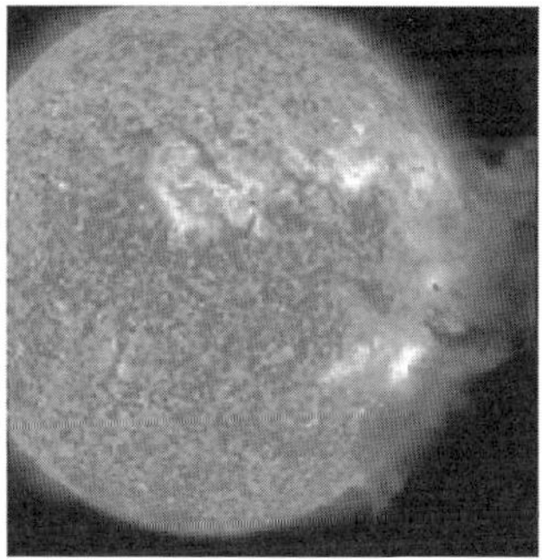

图 4-6 太阳黑子和耀斑

二、太阳系

1. 太阳的家族

太阳系是由受太阳引力约束的天体组成的系统，是宇宙中的一个小天体系统，太阳系的结构可以大概地分为五部分。

太阳是太阳系的母星，太阳也是太阳系里唯一会发光的恒星，也是最主要和最重要的成员。它有足够的质量让内部的压力与密度足以抑制和承受核融合产生的巨大能量，并以辐射的形式（如可见光）让能量稳定地进入太空。

2. 太阳系的起源

图 4-7 太阳系家族

(1)太阳系的主要特征

太阳系由太阳、八颗行星(原先有九大行星,因为冥王星被剔除为矮行星)、66 颗卫星(原有 67 颗,冥王星的卫星被剔除)以及无数的小行星、彗星及陨星组成。行星由太阳起往外的顺序是:水星、金星、地球、火星、木星、土星、天王星、海王星。离太阳较近的水星、金星、地球及火星称为类地行星。宇宙飞船对它们都进行了探测,还曾在火星与金星上着陆,获得了重要成果。它们的共同特征是密度大($>3.0\ g/cm^3$)、体积小、自转慢、卫星少,内部成分主要为硅酸盐,具有固体外壳。离太阳较远的木星、土星、天王星、海王星称为类木行星。它们都有很厚的大气圈,其表面特征很难了解,一般推断,它们都具有与类地行星相似的固体内核。在火星与木星之间有 1 000 000 个以上的小行星(即由岩石组成的不规则的小星体)。推测它们可能是由位置界于火星与木星之间的某一颗行星碎裂而成的,或者是一些未能聚积成为统一行星的石质碎块。陨星存在于行星之间,成分是石质或者铁质。

这些行星都以太阳为中心按椭圆轨道公转,除了水星的轨道十分接近于圆,行星轨道中或多或少在同一平面内(称为黄道面并以地球公转轨道面为基准)。黄道面与太阳赤道仅有 7°的倾斜。冥王星的轨道大都脱离了黄道面,倾斜度达 17°。因此,科学家们把冥王星排除在九大行星之外。除金星和天王星外,自转方向也如此。

(2)康德-拉普拉斯星云学说

康德于 1755 年在《自然通史和天体论》中发表了关于太阳系起源的星云说。这是最早的天体演化论,在人类历史上第一次提出了一个关于自然界不断发展变化的学说。康德认为，太阳系的所有天体是从一团由大小不等的固体尘埃微粒所构成的弥漫物质开始形成的。万有引力使得微粒互相接近。天体在吸引力最强的地方开始形成，较大的质点把较小的质点吸引过去，逐渐形成大的团块。团块在运动中互相碰撞，有的碰碎了，有的则合成更大的团块，引力最强的中心部分吸引的物质最多。先形成中心天体——太阳。外面的微粒在太阳的吸引下，向中心下落时与其他微粒碰撞，便斜着下落，绕太阳转动起来。开始有不同的转动方向，后来，有一个方向占了上风。于是在太阳周围形成了一个转动着的固体微粒云。这些转动着的微粒又逐渐形成几个引力中心，这些引力中心最后形成了朝同一方向绕太阳公转的行星。行星的自转是由于落在行星上面的微粒把角动量加到行星上而产生的。卫星的形成过程与行星类似。康德还认为，离太阳越远的行星，密度越小，因为重的质点比较容易克服下落时遇到的阻力，所以越靠近太阳，质点越重。

法国数学、力学家拉普拉斯于 1896 年发表《宇宙体系论》，其中提出了他的太阳系起源假说。拉普拉斯认为，太阳系是一个气体星云收缩形成的。星云最初体积比现在太阳系所占的空间大得多，大致呈球状。星云温度很高，缓慢地自转着。由于冷却，星云逐渐收缩，由于角动量守恒，星云收缩时转动速度加快。在中心引力和离心力的联合作用下，星云越来越扁。当星云赤道面边缘处气体质点的惯性离心力等于星云对它的吸引力时，这部分气体物质便停止收缩。它们停留在原处，形成一个旋转气体环。随着星云的继续冷却和收缩，分离过程一次又一次地重演，逐渐形成了和行星数目相等的多个气体环。各环的位置大致就是今天行星的位置。这样，星云的中心部分凝聚成太阳。各环内，由于物质分布不均匀，密度较大的部分把密度较小的部分吸引过去，逐渐形成了一些气团。由于相互吸引，小气团又聚成大气团，最后结合成行星。刚形成的行星还是相当热的气体球，后来才逐渐冷却、收缩、凝固成固态的行星。较大的行星在冷却收缩时又可能如上述那样分

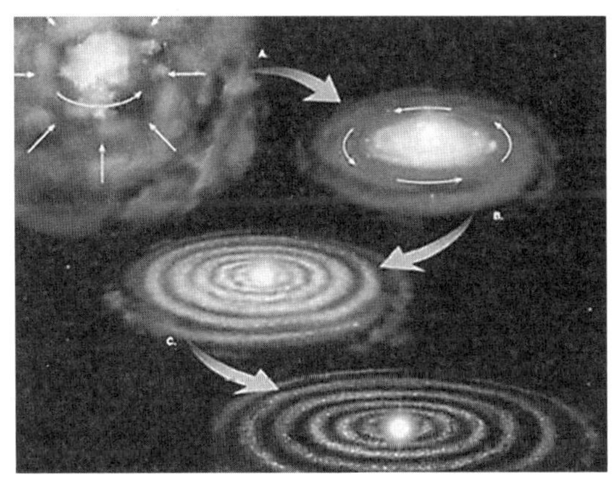

图 4-8　太阳系起源(星云说)

出一些气体环，形成卫星系统。土星光环是由没结合成卫星的许多质点构成的。

(3)灾变说和俘获说

①灾变说

认为行星物质是因某一偶然的巨变事件从太阳中分出的。

②俘获说

认为太阳从恒星际空间俘获物质形成原始星云，后来星云演变成行星。

③共同形成说

认为整个太阳系所有天体都是由同一个原始星云形成的。星云中心部分的物质形成太阳，外围部分的物质形成行星等天体。

(4)现代星云说

俘获说和共同形成说常合称“星云说”。对行星形成方式问题大致有五种看法：

①先形成环体，然后由环体形成行星；

②先形成很大的原行星，然后演化成行星；

③先形成中介天体，然后由中介天体结合成行星；

④先形成湍流的规则排列，在次级旋涡流中形成行星；

⑤先凝聚成大大小小的固体块——星子，星子再聚集成行星。

三、行星

1. 水星(Mercury)

水星最接近太阳，是太阳系八大行星中最内侧也是最小的行星(因为冥王星的地位降低，所以水星是最小的大行星)。在古罗马神话中，水星是商业、旅行和偷窃之神，即古希腊神话中的信使赫耳墨斯，他拥有一双带翅膀的鞋子为众神传信，或许由于水星在空中移动得很快(公转周期仅 88 天)，才使它得到这个名字。在中国古代，水星被称为“辰星”或“昏星”，由于只会出现在凌晨或黄昏，所以被古代人误认为是两颗星。因为离太阳太近，所以除非遇到日食，在太阳的照

图 4-9 水星

耀下，通常是看不见水星的。

水星是太阳系内与地球相似的4颗类地行星之一，直径上小于木卫三和土卫六，但它更重。同时也是太阳系行星中轨道倾角最小和轨道偏心率最大的行星。水星没有卫星。

1973年11月，第一个水星探测器“水手10号”发射成功，它3次从水星上空飞过，拍摄了5000多张照片，为我们了解水星提供了大量珍贵的信息。直到2004年美国发射的信使号才再一次造访水星，并于2015年以撞击水星的方式，结束了它的探测使命。研究表明，水星的外貌酷似月球，有许多大小不一的环形山，还有辐射纹、平原、裂谷、盆地等地形。表面平均温度约452 K，变化范围：90～700 K，是温差最大的行星。水星上有极稀薄的大气，且存在磁场（虽然仅有地球的1%不到）。最新研究表明，水星的极区可能存在水冰。

2. 金星(Venus)

金星是八大行星之一，中国古代称之为太白或太白金星。它有时是晨星，黎明前出现在东方天空，被称为“启明”；有时是昏星，黄昏后出现在西方天空，被称为“长庚”。金星是全天中除太阳和月亮外最亮的星，犹如一颗耀眼的钻石，于是古希腊人称它为“阿佛洛狄忒”，是爱与美的女神，而罗马人则称它为“维纳斯”。

图4-10　金星

金星也是类地行星之一，是地球的姐妹星，半径仅比地球小300 km，体积相当于地球的88%。进行的轨道偏心率最小，是八大行星中轨道最接近圆形的。金星自转方向和地球相反，是自东向西的，所以在金星上看太阳是从西边出来的。金星公转周期约为224.7天，但它的自转周期为243天，也就是说金星的自转恒星日一天比一年还要长。但由于金星逆向自转，所以昼夜交替的时间只有地球上的116.75天。这种逆向自转很可能是很久以前金星和其他小行星撞击的结果。还有一个有趣的现象是金星和月球一样，总是以同一个面对向地球，这可能是潮汐锁定作用的结果，当然也可能仅仅是一种巧合。金星没有卫星。

在太空探测器探测金星以前，很多天文学家认为金星和地球在化学物理状况上十分相似，是人类理想的移民星球。因此从1961年起，苏联和美国向金星发射了30多个太空探测器。美国的水手系列探测器中的大部分和苏联的金星系列探测器，以及先驱者号、麦哲伦号探测器均到访过金星。研究表明金星拥有极其浓密的大气层，主要由二氧化碳组成，并含有少量氮气。金星的大气压强非常大，为地球的 92 倍。大量的二氧化碳导致金星的温室效应大规模地进行着，近赤道的低地极限温度可达 500 ℃。浓厚的云层把大部分太阳光都反射回了太空，因此金星是除太阳和月亮以外，全天最亮的一颗星。由于金星高温、高压的大气环境以及大气中飘浮着浓硫酸的云和大风，科学家认为金星并不是一个适合人类移居的星球。

3. 火星(Mars)

火星是类地行星中的最后一颗，位于地球轨道的外围。表面的赤铁矿使得它在夜空中看起来是血红色的，所以在西方，人们用罗马神话中的战神玛尔斯(或希腊神话对应的阿瑞斯)命名它。在古代中国，因为它荧荧如火，故称“荧惑”。火星有两颗小型天然卫星：火卫一(弗伯斯)和火卫二(戴摩斯)。这两个名字是使用战神阿瑞斯和爱神阿芙洛蒂的儿子来命名的。两颗卫星都很小而且形状奇特，可能是被引力捕获的小行星。

图 4-11　火星

火星直径约为地球的 53%，质量为地球的 11%。自转轴倾角、自转周期均与地球相近。因此，火星和地球一样也有四季，只是季节长度约为地球的两倍。

图 4-12　火星车

和金星一样，人类对火星的探索从未终止过，特别是确定金星环境恶劣无法进行星际移民后，全世界都聚焦火星。美国的水手 6 号、7 号、9 号，海盗 1、2 号探测器以及苏联的金星系列探测器均到访过火星。另外，美国还发射了着陆探测器及火星车对火星进行了更加深入的科学探索，如知名的勇气号、机遇号、好奇号火星车以及现在还在火星执行任务的洞察号火星车。它们不但传回了大量的火星表面图片，还有对土壤、大气成分的分析结果。

研究表明，火星表面平均温度约为 218 K，大气密度约为地球的 1%。火星大气十分稀薄，温室效应仅能使其表面提高温度 5 ℃左右，远比金星少得多。由于火星重力较小，使得火星表面的山能"长"得很高，拥有太阳系内最高的奥林帕斯山，有 27 km 高，600 km 宽(地球上的珠穆朗玛峰仅有 8 km 高)。而由火星地壳张裂形成的水手峡谷，命名来自水手 9 号探测器。峡谷前后延展超过 4500 km，最宽处超过 600 km，深度约有 8 km，是太阳系中最大的峡谷。随着科学探测的进一步深入，人类对于火星有了越来越多的发现。火星上是否曾经存在生命，成为大家关注的重点。虽然这些年我们在火星上发现了流水的痕迹，发现了地下冰层，但火星仍有大量未解之谜等待人类去解开。从长期来看，火星是一个可供人类移民的星球，以后必将成为科学探索的重点区域。

4. 木星(Jupiter)

木星是从内到外第五颗行星，而且是体积最大的一颗，比所有其他的行星的合质量大 2.5 倍(地球的 318 倍)。因此古希腊人用神话故事中的诸神之王宙斯为其命名(古罗马神话中则为朱庇特)。木星在我国古代被称为"岁星"，我们经常所说的太岁指的就是它，古代中国人把周天分为 12 分，称为 12 次，木星每年行经一次，就用木星所在星次来纪年。因此，木星被称为岁星，这种纪年法被称为岁星纪年法。此法的起源年代还不清楚，但在战国、秦汉之交很盛行。因为当时诸侯割据，各国都用本国年号纪年，岁星纪年可以避免混乱。《左传》《国语》中所载"岁在星纪""岁在析木"等大量记录，就是用的岁星纪年法。

图 4-13　木星

木星是一个巨大的液态氢星体，是四个气体行星(又称类木行星)中最大的一个。木星的自转是太阳系所有行星中最快的，自转时间少于 10 h，这造成其赤道隆起，在地球上用业余的望远镜就很容易看出来。因为木星不是固体，它的上层大气有着较差自转。木星的公转周期大约是 11.8 个地球年。木星是人类迄今为止发现的天然卫星最多的行星，已发现 79 颗卫星。这些卫星的命名基本来自于与宙斯一生中接触过的人(大多是他的情人)。这 79 颗卫星中前四颗卫星因为首先由伽利略用其自制的望远镜发现,所以被统称为伽利略卫星。

美国宇航局于 1972 年 3 月发射的“先驱者”10 号探测器,是第一个造访木星的人类探测器。经过一年零九个月,行程 10 亿公里,飞临木星,传回了 300 多幅珍贵的木星照片。后来美国又相继发射了伽利略号、朱诺号等探测器对木星进行探测。先驱者 11 号、旅行者 1 号、旅行者 2 号在经过木星时也对其进行了科学观测,并发回了上千幅照片。

经研究表明,木星可能有一个石质的内核,外围则是跨度超过 5000 km 的行星大气层。其中绝大部分为氢,其次是氦以及极其微量的甲烷、水蒸气和氨气。木星大气中充满了稠密活跃的云系。各种颜色的云层像波浪一样在激烈翻腾着。在木星大气中还观测到有闪电和雷暴。由于木星的快速自转,在它的大气中观测到与赤道平行的、明暗交替的带纹,其中的亮带是向上运动的区域,暗纹则是较低和较暗的云。在木星南纬 23°处的大红斑当属木星大气最有名的涡旋,它东西长 4 万公里,南北宽 1.3 万公里,是一团逆时针方向转动并激烈上升的深褐色气流。大红斑寿命很长,可维持几百年或更久,虽然近几年有逐渐变小的趋势。木星存在一个和土星类似的环,但因为比土星环暗,所以直到旅行者号飞临时才被发现。木星的磁场强度是地球的 14 倍,在距离木星 140~700 万公里之间的巨大空间里都是木星的磁层,木星的四大卫星都在木星的磁层保护中。旅行者 1 号还发现木星背向太阳的一面有 3 万公里长的极光。

5. 土星(Saturn)

土星是太阳系距日第六位的行星,与木星同属气态行星。在古希腊神话中为上一任的天神克洛诺斯(也就是宙斯的父亲)。在古代中国被称为镇星或填星。

土星距离太阳约 9.54 天文单位(约 14 亿公里)公转周期约为 29.5 年。土星的自转速度很快,仅次于木星,由于快速自转,使得它的形状变扁,是太阳系中形状最扁的一个行星。土星已确认的卫星有 62 颗,其中最为著名的是名为泰坦的土卫六。

土星最为大家熟悉的应该是它拥有一个显著的环系统,这些环是由许多碎石和冰块构成的,直径从几厘米到几十厘米不等。虽然伽利略在 1610 年用其自制望远镜已经发现了它的存在,但起初认为它只是木星两侧的卫星。直到 1659 年，荷兰学者惠更斯使用更高倍数的望远镜看清楚才认出是环，并且发现了土卫六的存在。1675 年，意大利天文学家卡西尼发现了另外的四颗卫星，并且在 1675 年发现了后来以他名字命名的卡西尼缝。

图 4-14　土星

美国航空航天总局也向土星发射过多个探测器。1973 年升空的先驱者 11 号探测器在对木星进行短暂停留探测后，于 1979 年飞临土星，成为人类近距离探测土星的第一个人造天体。后来旅行者 1 号和旅行者 2 号探测器也对土星进行了考察。众多土星探测器中，最为著名的应该是 1997 年发射的卡西尼-惠更斯号。该探测器用两位为探索土星做出突出贡献的科学家共同命名。有 17 个国家参与，是人类进入空间时代以来最大型的国际合作课题之一。该探测器于 2017 年在受控状态下进入土星大气层坠毁，以最壮烈的形式完成了其长达二十年的探索之路。

研究发现土星北极上空有一个特殊的六角形风暴，它和木星的大红斑一样令人着迷，至于它的形成原因，科学家们至今还没有明确的答案。

6. 天工星(Uranus)和海王星(Neptune)

天干星是太阳系由内向外的第七颗行星，也是人类用望远镜发现的第一颗行星，虽然相比我们熟知的五颗行星，它的亮度肉眼也可见，但由于古代观测能力不足，它一直未被认定为一颗行星，所以它也没有古代的名称。1781 年，威廉·赫歇耳爵士宣布发现了天王星，首度扩展了太阳系的已知界限，虽然当时学界还存在争议，最后还是决定用宙斯的祖父“乌拉诺斯”来命名这颗新发现的行星。

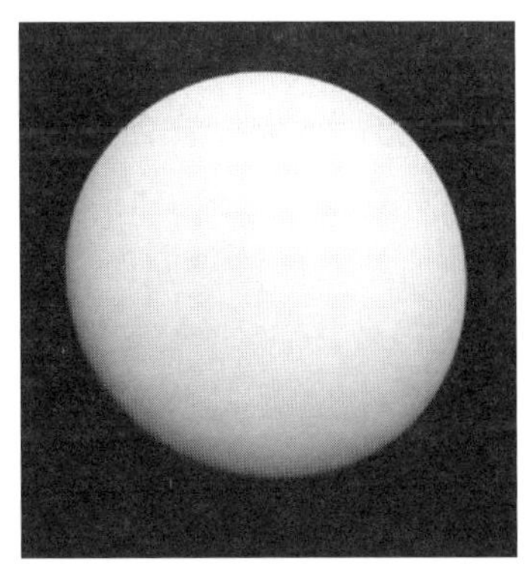
图 4-15　天王星

人类对天王星知之甚少，最近一次也是唯一一次接触是 1986 年旅行者 2 号途经时近距离拍摄的照片。天王星的内部和大气构成，与更大的气态巨行星土星和木星不同，因此天文学家们专门设立了冰巨星分类来安置它们。天王星主要是由岩石与各种成分不同的水冰物质所组成。质量约为地球的 14.5 倍，公转周期约为 83.7 年。自转最大的特点在于自转轴和公转轨道面平行，也就是说天文星是一个平躺自转的行星，这或许是形成初期遭受过其他天体的碰撞导致的。天王星有卫星 27 颗，名称都出自于莎士比亚和蒲伯的歌剧。

海王星是太阳系八大行星中最后也是最远的一颗，亮度不足以用肉眼观测，只有在天文望远镜里才能看到它，由于它发出淡蓝色的光，所以后来学界以罗马神话中的海神——尼普顿(Neptune)为它命名，中文里，我们译为海王星。海王星在 1846 年被发现，是唯一利用数学预测而非有计划的观测发现的行星。天文学家利用天王星轨道的摄动推测出海王星的存在与可能的位置。

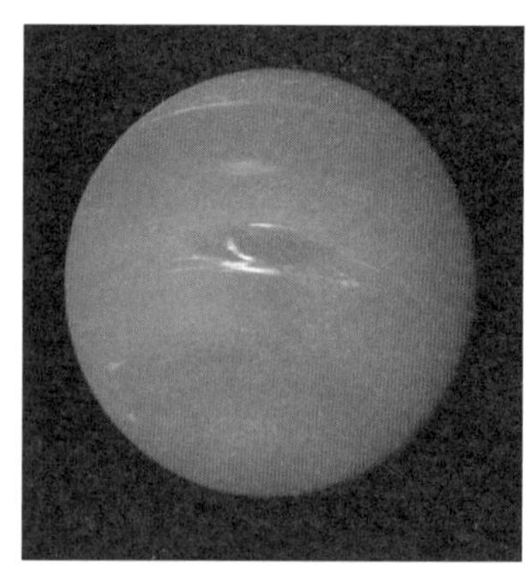

图 4-16　海王星

和天王星一样，我们对海王星了解很少，旅行者 2 号是唯一曾经到访过的人造天体。研究表明海王星有太阳系最强烈的风，测量的时速高达 2100 km/s。海王星目前已知的卫星有 14 颗。

四、小行星和矮行星

1. 小行星的发现

1801 年，科学家们在夜空中发现了一个闪光的小物体。起初他们以为这个名为“谷神星”的东西是颗行星，然而一年后又发现了一个同“谷神星”十分相像的物体。他们意识到行星不可能这么小，于是将其命名为小行星，意思是“像行星一样”。直到 1951 年也只发现 8 颗小行星。而今天天文学家运用先进科技已经辨别出约 5000 颗小行星。

图 4-17　谷神星

2. 小行星的运动

大多数小行星沿着木星的路线进行规则的轨道运行。另外一些轨道则为偏心圆，远时靠近天王星，近时靠近地球。到目前为止，天文学家发现有几百颗小行星穿过地球轨道，据估计还有成千上万颗小行星未被发现。

3. 小行星的命名

小行星的命名权属于发现者。早期喜欢用女神的名字，后来改用人名、地名、花名乃至机构名的首字母缩写词来命名。有些小行星群和小行星特别著名，如脱罗央群、阿波罗群、伊卡鲁斯、爱神星、希达尔戈等。

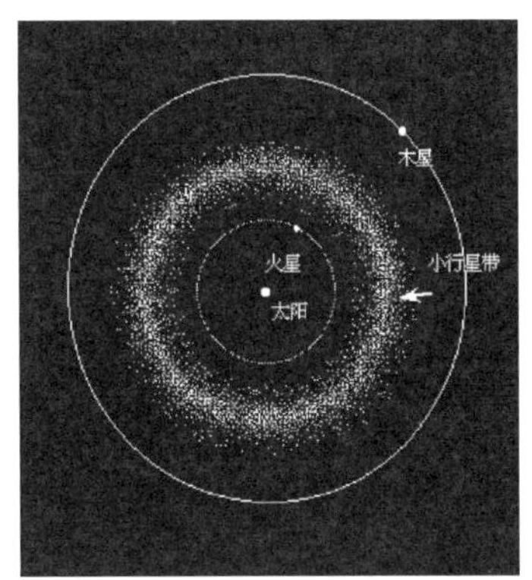

图 4-18　小行星带

4. 研究小行星的意义

(1)天体距离测定

小行星虽然很小，但是它们在以往的天文学研究中却曾起过重要的作用。譬如，1873年，德国天文学家伽勒利用8号花神星冲日，1877年，英国天文学家吉尔利用4号灶神星冲日测定日地距离，都得到了精确的结果。1930～1931年，433号爱神星大冲时，国际天文学联合会组织了空前规模的国际联测，得到了三角测量所能达到的最精确的日地距离数值14 958万公里。

(2)天体质量测定

利用小行星还可以测定行星的质量。当某颗小行星接近大行星时，大行星对它的摄动作用必然影响其轨道，从它轨道的微小变化中可以算出行星的实际质量。1870年，天文学家利用29号爱姆菲特列塔接近木星时所测得的木星质量为太阳质量的1/1047，今天天文学家仍在采用这个数。水星、金星、土星、火星等行星的质量均是用小行星测定的，测出的值有相当高的准确度。

(3)星表精度测定

为了改进和提高星表的精度，国际天文学联合会组织十几个天文台对谷神星等10颗小行星进行长期的监测和归算，从实际的数据及已知的轨道根数求得黄道和天赤道的准确位置。

(4)研究大体演化

小行星还为研究太阳系起源和演化提供了重要线索。按照现代太阳系形成理论，太阳系是在46亿年前由一团混沌星云凝聚而成的。而当初星云形成太阳系的具体过程已无法从地球或其他行星上找到痕迹了，只有小行星和彗星还保留着许多太阳系形成初期的状态，因此它们被天文学家称为太阳系早期的“活化石”。

小行星的研究对于发展人类航天事业、保护地球环境、开发宇宙都有重要的意义。特别是近地小行星，它们既是潜在的矿物资源，又是小行星中最容易实现的航天近探的目标。

5. 矮行星(Dwarf planet)

随着小行星阋(xì)神星的发现，原本属于九大行星中的冥王星地位受到了挑战，是否应该把阋神星看作太阳系第十大行星成为天文学界的一个重要问题，于是在2006年8月24日于捷克首都布拉格举行的第26届国际天文学大会中，科学家们提出了一个新的概念——矮行星。其体积介于行星和小行星之间，围绕恒星运转，质量足以克服固体引力以达到流体静力平衡(近于圆球)形状，它没有清空所在轨道上的其他天体，同时也不是卫星。作为行星则需要满足以下三个条件：

(1)它必须围绕太阳运行。

(2)它的质量必须足够大，足以克服固体引力以达到流体静力平衡，也就是近似于圆球的形状。

(3)它们必须清除轨道附近区域的其他物体。

由于矮行星经常与小行星、彗星、星际碎片甚至其他矮行星共用轨道，因此这第三点标准成为分辨行星和矮行星之间的标准。基于这个原因，不但将之前发现的几个较大的小行星，如谷神星、阋神星等划入这个范围，更将原本太阳系第九大行星冥王星也降级为矮行星，从此太阳系只有八大行星。

6. 冥王星(Pluto)

冥王星是第一颗被发现的柯伊伯带天体。是太阳系内已知体积最大、质量第二大的矮行星。在直接围绕太阳运行的天体中，冥王星体积排名第九，质量排名第十，其质量仅次于阋神星。与其他柯伊伯带天体一样，冥王星主要由岩

图4-19 冥王星

石和冰组成。冥王星相对较小，仅有月球质量的六分之一、月球体积的三分之一。由于远离太阳，以致一直沉默在无尽的黑暗之中，与人们想象中的冥界类似，所以使用罗马神话中的冥界之主为其命名。凑巧的是，冥王星(Pluto)开头的两字母也是其发现者 Percival Lowell 名字的首字母缩写。

冥王星距离地球十分遥远，很长一段时间内，人们对冥王星的了解仅有一张模糊的照片，直到 2015 年美国国家航空航天局(NASA)发射的新视野号探测器，第一次接近冥王星，人们才第一次看清了这个曾经的太阳系第九大行星。

五、卫星

1. 月球

(1)月球的自然状况

图 4-20　月球

月球俗称月亮，也称太阴。月球就是最明显的天然卫星的例子。在太阳系里，除水星和金星外，其他行星都有天然卫星。月球的年龄大约也是 46 亿年，它与地球形影相随，关系密切。月球也有壳、幔、核等分层结构。最外层的月壳平均厚度为 60～65 公里。月壳下面到 1000 公里深度是月幔，它占了月球的大部分体积。月幔下面是月核，月核的温度约为 1000 ℃，很可能是熔融状态的。月球直径约 3476 公里，是地球的 3/11。体积只有地球的 1/49，质量约 7350 亿亿吨，相当于地球质量的 1/81，月面的重力差不多相当于地球重力的 1/6。

(2)月球的运动与历法

月球约一个农历月绕地球运行一周，而每小时相对背景星空移动半度，即与月面的视直径相若。与其他卫星不同，月球的轨道平面较接近黄道面，而不是在地球的赤道面附近。

相对于背景星空，月球围绕地球运行(月球公转)一周所需时间称为一个恒星月；而新月与下一个新月(或两个相同月相之间)所需的时间称为一个朔望月。朔望月较恒星月长是因为地球在月球运行期间，本身也在绕日的轨道上前进了一段距离。

2. 土星和木星的卫星

(1)木卫三(Ganymede)

木卫三“盖尼米德”，是围绕木星运转的一颗卫星，公转周期约为 7 天。木卫三是太阳系中最大的卫星，直径大于水星，质量约为水星的一半。木卫三主要由硅酸盐岩石和冰体构成，星体分层明显，拥有一个富铁的、流动性的内核。体积大于水星，是太阳系中已知的唯一拥有磁圈的卫星。木卫三最先并非伽利略所发现。在公元前 400 年到公元前 360 年之间(最有可能的是在公元前 364 年夏天)，我国战国时期的甘德就已经发现了木卫三，比伽利略早了 2000 多年。旅行者号航天器精确地测量了该卫星的大小，伽利略号探测器则发现了它有地下海洋和磁场。

图 4-21

2015 年 3 月 12 日，美国国家航空航天局宣布，太阳系最大卫星木卫三的冰盖下有一片咸水海洋，液态水含量超过地球。

(2)土卫六(Titan)

泰坦星是环绕土星运行的一颗卫星，是土星卫星中最大的一个，也是太阳系第二大的卫星。荷兰物理学家、天文学家和数学家克里斯蒂安·惠更斯在

1655年3月25日发现它，也是在太阳系内继木星伽利略卫星后发现的第一颗卫星。

由于它是太阳系唯一一颗拥有浓厚大气层的卫星，因此被高度怀疑有生命体的存在，科学家也推测大气中的甲烷可能是生命体的基础。土卫六可以被视为一个时光机器，有助我们了解地球最初期的情况，揭开地球生物如何诞生之谜。

图 4-22

六、太阳系的行星运动

人们在地球上看到其他太阳系行星在天球上的位置是在不断变化的，我们把这种移动称为行星的视运动。古代人经过大量的观测和记录，发现水金火土木5颗行星的视运动存在一定的规律。

1. 合和冲

对于地内行星(水星和金星)而言，行星视运动的重要时刻包括合和大距。地内行星在运动到相对太阳黄经相等时，称之为“合”。“合”分为上合和下合，上合时行星距离地球最远，下合时距离地球最近。上合几个月后，行星与太阳距离达到最大，称为“东大距”；下合几个月后，同样与太阳达到距离最大值时称为“西大距”。“合”发生时，行星淹没于太阳光中，很难观察到；而行星位于东西大距时，则受太阳影响较小，为观测地内行星的最佳时间。当下合时，如果行星接近黄道面，我们还可以观察到更加特殊的凌日现象。

而对于地外行星(火星、木星和土星)来说，当他们与太阳黄经相同时，距离较远的时刻称为“合”，距离较近时则称为“冲”。和地内行星不同的是，当行星运动到地内行星的大距位置时，称为“方照”，与之对应的称为“东方照”和“西方照”。再者，由于行星运动轨道为椭圆形，发生“冲”的时候，行星距离地球有时近有时远，我们把距离较近的“冲”称为“大冲”，这是观测地外行星最好的时刻。

2. 逆行和留

我们常常听到有人提到最近自己十分倒霉，称自己遇上了“水星逆行”。实际上，“逆行”是行星视运动中的一种常见现象。由于各行星公转周期与地球并不相同，根据开普勒定律，在运动上也有快慢之分。由于相对运动产生错觉，所以我们有时候会观察到某颗恒星在倒退着运动，我们称之为“逆行”。就像在等红绿灯时，如果旁边的公交车先启动，那么公交车上的乘客就会觉得你乘坐的小车正在倒退。在顺行和逆行转化的中间时候，两者速度相当，互相看起来都没有运动，我们称之为“留”。“行星逆行”是一种普遍存在的天文现象，它和个人运势真的没有一点关系。

3. 会合周期

也称会合运动，指地球、行星和太阳的相对位置，行星连续两次经过同一个位置时所花的时间，如连续两次“冲”之间的间隔。它可以通过一定的计算方法推算出来。

阅读资料

★太阳活动的预报

随着航天技术和无线通信技术的发展，人们意识到空间环境状态的变化，影响和制约着这些技术的实验和实施。而空间环境扰动的驱使源主要是太阳。太阳活动影响的面很广，太阳活动现象与人类生存环境关系密切。因此，研究太阳活动，特别是太阳耀斑发生的规律，并设法对其进行预报，就有重要的应用价值。通常太阳活动预报分为短期预报（提前几天）、中期预报（提前半个月至几个月）、长期预报（提前一年以上）以及提前几分钟至几个小时的警报。

（1）短期预报：主要是预报未来几天内是否会发生具有强烈 X 光、紫外光和粒子流发射的太阳耀斑。

（2）中期预报：主要是预报半个月至几个月的时间里日面上是否会出现大的太阳活动区，因为大的活动区最容易发生强烈的地球物理效应。

（3）长期预报：主要是估计太阳活动年平均水平的变化趋势，实际上就是预报太阳黑子相对数年均值的变化，包括下一个太阳活动周的极小年和极大年出现的时间。

太阳活动对人类有影响，尤其是航天部门，无线电通讯部门，气象、水文研究和管理部门特别关注太阳活动。因为航天部门需要短期和中期太阳活动预报，以便选择合适的航天时间，避免高能粒子流对宇航员和航天器的损害。在估计人造卫星运行寿命时，需要知道卫星轨道附近大气密度的分布状况，而大气密度分布与太阳活动水平有关，因此需要知道太阳活动长期预报的信息。在无线电通讯部门，由于太阳耀斑产生的短波和粒子辐射均会破坏电离层的正常状态，导致无线电通讯信号衰减甚至中断，因此他们需要各种时段的太阳活动预报，以便选择最有利的通讯频率。再就是气象、水文研究和管理部门，需要太阳活动中期和长期预报，作为天气和水情预报的重要参考。此外，由于太阳耀斑发射的大量低能粒子流引起的感应电流造成磁暴的同时，会严重损坏高纬地区的电力系统和输油管道，干扰导航、航测和矿物探测等部门的正常工作，因此这些部门也需要太阳的活动信息。最后，太阳物理研究和地球物理研究本身也需要太阳活动预报，特别是太阳耀斑预报。这样，人们就能够掌握耀斑发生的时间，以便及时进行观测并安排国际科学协作等，从而可以取得丰富的观测资料，探讨太阳耀斑及其对地球影响的物理过程，进而改正对它们的预报方法。

当然，要想准确预报太阳活动事件，人类必须弄清太阳活动起源。关于太阳活动的研究也是21世纪科学难题之一。

★冥王星的发现

海王星的发现鼓舞人们去寻找第九颗大行星，经过努力，有颗星终于在1930年2月18日由汤博从大量拍摄的星像中发现。当时天文界把它命名为“冥王星”，也就成为太阳系的第九颗行星。冥王星公转轨道的长半径为39.44 AU，但偏心率比太阳系其他行星大(为0.256)。它与海王星的轨道形成立体交叉，它的近日距比海王星离太阳还要近些，比如在1979年—1999年的20年里就是处于这种情况。轨道面与黄道面交角也比其他行星大(约17°10′)，冥王星自转很快(转动周期6.3872日)，但公转周期为248年，从发现至今还没公转半圈。冥王星亮度为14等，人类须用巨型望远镜才能观测到。

1978月年6月22日，克里斯蒂发现冥王星的图像上有个突出部分，经分析，认为那是冥卫一，且后来也被观测证实并命名为卡戎，它是一个同步卫星。冥王星的半径约1150 km，质量约为地球质量的千分之二，平均密度为1.5～1.936 g/cm^3，它的内部有岩石核和水冰幔，表面是甲烷、氮和一氧化碳的冰壳，它的表面温度变化于47～60 K。2005年5月，哈勃空间望远镜的高级巡天摄像机(ACS)又拍摄到冥王星和冥卫一旁有两颗星，目前证实的冥王星已有三颗卫星。

由于冥王星的特征比较特殊，发现它后就是一颗最有争议的行星。2006年8月国际天文学联合会已通过决议，把冥王星定义为“矮行星”，以区别其他八大行星。美国宇航局计划在近期发射“新视野”探测器，如果一切顺利，人类大约在2015年以后能获悉该探测器对冥王星就近考察的探测的信息。

★卡戎

卡戎（阎神星）与冥王星组成双矮行星系统，曾被认为是冥王星的卫星，因此也叫冥卫一，用掌管冥河渡船的船夫名命名。2006年在布拉格召开的国际天文学联合会会议上与冥王星同时被降级成为矮行星，距冥王星约19 740 km。卡戎于1978年被美国天文学家詹姆斯·克里斯蒂发现。由于卡戎和冥王星相差不大，且质心落在天体之外，因此卡戎和冥王星构成了一个双矮行星系统。

★木卫一(lo)

木卫一即伊奥，是木星的四颗伽利略卫星中最靠近木星的一颗卫星，它的直径3642公里，是太阳系第四大卫星，表面环境极其恶劣，众多超级火山活动和超强地震频繁发生，地表形态塑造周期较短。它的名字来自众神之王宙斯的恋人之一：伊奥，是赫拉的女祭司。

★木卫二(Europa)

木卫二欧罗巴在1610年被伽利略发现，是木星的第六颗已知卫星，是木星的第四大卫星，在伽利略发现的卫星中离木星第二近。木卫二比地球的卫星——月球稍微小一点，直径达到3100公里，是太阳系天体系统中的第六大卫星和第十五大天体。哈勃望远镜的观察揭示出木卫二有一个含氧的稀薄大气。

★木卫四(Callisto)

卡里斯托是围绕木星运转的一颗卫星，由伽利略在1610年首次发现。木卫四是太阳系第三大卫星，也是木星第二大卫星，仅次于木卫三。木卫四的直径为水星直径的99%，但是质量只有它的三分之一。该卫星的轨道在四颗伽利略卫星中距离木星最远，约为1.88×10^{6} km。木卫四并不像内层的三颗伽利略卫星（木卫一、木卫二和木卫三）那般处于轨道共振状态，所以并不存在明显的潮汐热效应。木卫四属于同步自转卫星，永远以同一个面朝向木星。木卫四由于公转轨道较远，表面受到木星磁场的影响小于内层的卫星。

第五章 彗星与流星

一、彗星

早在人类社会发展的最初阶段，人类就已经发现了彗星的存在。在湖南长沙的马王堆汉墓的帛书上，就有关于彗星的图画，且该彗星图成图时间大约在战国时期。彗星因为奇特的外貌以及偶然的出现，在世界各大文明中都有所记载，但不约而同地，人们都把它与战争、饥荒、洪水、瘟疫等灾难连接起来，认为它是“灾星”。因此，也有人把彗星戏称为“扫把星”，意为带来不好事物的星星。

图 5-1　哈雷彗星

1. 彗星的概念和独特的外貌

现代科学已经对彗星有了深入的了解，研究表明彗星是呈云雾状的较小天体，由冰和少量岩石组成，天文学家把彗星形象地称为“脏雪球”。在一般的情况下，彗星都在太阳系的边缘地区，这时即使被观测到，也与极其微弱的恒星相似，看不出细致的结构。但当其逐渐接近太阳的时候，由于太阳的热辐射、太阳风和太阳光压作用的加大，尤其当它进入火星轨道区域以后，表面物质挥发形成彗尾，表现出其独特的结构。

2. 彗星的轨道

(1)周期性彗星和非周期性彗星

彗星的轨道有椭圆、抛物线、双曲线三种。椭圆轨道的彗星又叫周期彗星，这种彗星会在一定的周期内多次来到太阳系内，靠近地球。如最著名的哈雷彗星就是一颗周期彗星。周期彗星又分为短周期彗星和长周期彗星，运转周期大于200年的叫作长周期彗星。这样看来，人一生最多见两次，周期为76年的哈雷彗星还是一颗短周期彗星了。另两种轨道的又叫非周期彗星，这样的彗星只会靠近地球一次，被人类观测到后就再也不会回来了。

(2)彗星经大行星时轨道的改变——“引力摄动”

有些彗星在进入太阳系内部后，受到大行星引力摄动的影响，有可能改变原有轨道。如1973年由捷克天文学家科胡特克发现的彗星，是一颗长周期彗星，回归周期约为75 000年，但由于受到其他天体的摄动，轨道发生变化，可能就一去不复返了。

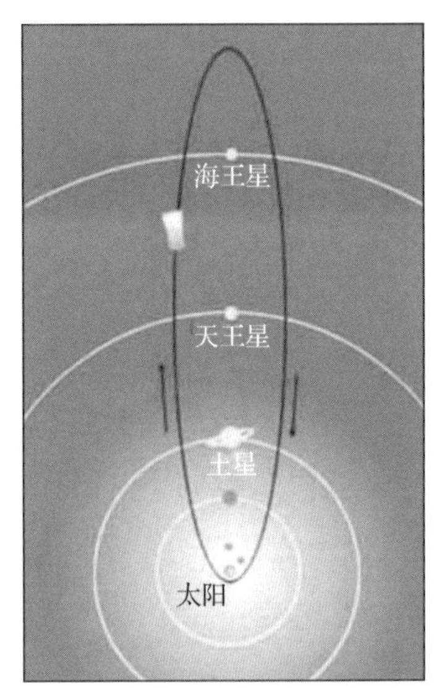

图 5-2　哈雷彗星的轨道

3. 彗星的组成

(1)彗头——彗核、彗发

彗头：彗星有一个形态朦胧而明亮的“头”部——彗头。彗头包括两部分，中央密集而明亮的彗核和雾状的包层——彗发。

①彗核：彗核通常很小，直径一般在0.1～100 km之间，很少有超过100 km的。彗星的质量几乎都集中于彗核。

②彗发：彗发是彗核的蒸发物，其形状和大小与距离太阳的远近密切相关。一般来说，离太阳越近，彗发越亮越大，直径可达数十万千米，有时还可与太阳相当，甚或超过太阳直径。

(2)彗尾的产生和类型

彗尾的出现只不过是发生在彗星靠近太阳时的短暂现象。当彗星接近太阳时，由于太阳把慧发里的物质推向背向太阳的方向，因此，在靠近太阳时，背向太阳方向的彗头会伸展出一条长逾几百万公里甚至上亿公里的明亮彗尾。当它们远离太阳时，由于温度很低，彗头中的挥发性物质便渐渐在彗核上凝固，彗尾也就消失不见了。一般来说，一颗彗星只会有一条彗尾，但这也不是绝对的。有的彗星曾多次靠近太阳，其彗核中的挥发物质消耗殆尽，这样的彗星就没有尾巴了。比如绕日周期仅为3.3年的恩克彗星，自1786年发现以来就已被观测了近70次了。然而也有的彗星却有2条、3条，甚至4条彗尾。

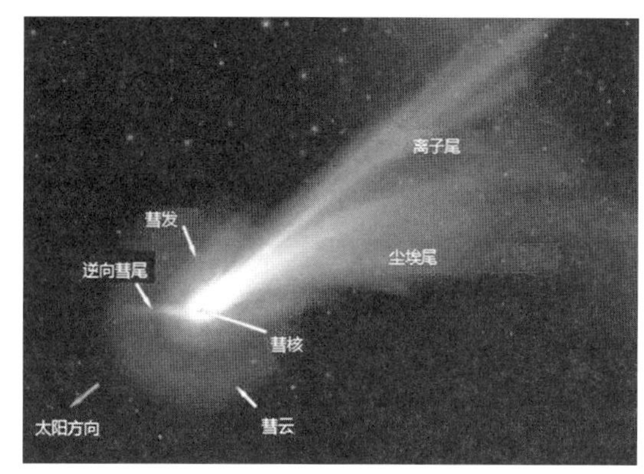

图5-3 彗星结构

4. 彗星的光

彗星本身并不会发光，我们所看到的彗星光芒全因为靠近太阳后反射太阳光才被我们观测到。因此在彗星远离太阳的时候，它只不过是个云雾状的小斑点。只有在靠近太阳时，彗核里的挥发物质蒸发、气化、膨胀、喷发形成慧发和彗尾后才有了自己的光芒。由于挥发物质的性质不同，所以彗尾常常有不同的颜色。有的彗尾由离子组成，呈蓝色，被称为“离子彗尾”；而有的由微尘组成，呈黄色，被称为“尘埃彗尾”。有的彗星两者皆有，如海尔-波普彗星。由我国业余天文爱好者发现的“鹿林”彗星，因为挥发物质中氰含量丰富，呈绿色。

5. 彗星的分裂

在彗星通过内太阳系的时候，可能会因为大行星的吸引导致分裂。1994年，苏梅克列维9号彗星受木星的引力撕裂就分成了20块碎片，每一块都与木星碰撞，是历史记载中最为壮观的行星际碰撞实例。而另一颗著名的池谷关彗星则在1965年靠近太阳时分裂成三段，它的回归周期为880年，不知道2845年回归的时候会变成什么样子。

图5-4 彗木相撞

6. 彗星的寿命

彗星的寿命是有限的。除了上文中提到的被引力裂解成碎片的彗星属于“意外身亡”，剩下的一大部分彗星选择的是一种“寿终正寝”的方式走向它们的终点。彗星飞近太阳时，受到太阳辐射加热而释放出大量气体和尘埃而形成彗尾。当慧核释放出大量物质后，这些物质就飘逸到行星际空间去了。

因此，彗星需要不断地释放，才能保持彗尾存在，这样，彗星每接近一次太阳，就要耗去大量物质，所以直接影响彗星寿命。以 76 年为周期的哈雷彗星为例，彗核每秒钟要消耗 1 吨物质(按平均周期算，如果按它接近太阳的十个月计算，每秒平均要耗去 100 吨物质)，这样 76 年一周期就要消耗掉 20 亿吨左右物质，假定它原始总质量为 1000 亿吨至 10 万亿吨，那么哈雷彗星的寿命为 50 至 5000 个周期。即哈雷彗星年龄为 3800 年至 38 万年。一般而言，彗星的寿命为几千个周期，但各个彗星的寿命是不等的。这与彗星上的"彗核"的化学成分及释放消耗的速度有关。

7. 彗星何来

彗星的起源是个未解之谜。有人提出，在太阳系外围有一个特大彗星区，那里约有 1000 亿颗彗星，叫奥尔特云(荷兰天文学家奥尔特提出)，由于受到其他恒星引力的影响，一部分彗星进入太阳系内部，又由于木星的影响，一部分彗星逃出太阳系，另一些被"捕获"成为短周期彗星；也有人认为彗星是在木星或其他行星附近形成的；还有人认为彗星是在太阳系的边远地区形成的；甚至有人认为彗星是太阳系外的来客。因为周期彗星一直在瓦解着，必然有某种产生新彗星以代替老彗星的方式。可能发生的一种方式是在离太阳 105 AU 的半径上储藏有几十亿颗以各种可能方向绕太阳作轨道运动的彗星。这个概念得到观测的支持，观测到非周期彗星以随机的方向沿着非常长的椭圆形轨道接近太阳。随着时间的推移，由于过路的恒星给予的轻微引力，可以扰乱遥远彗星的轨道，直至它的近日点的距离变成小于几个天文单位。当彗星随后进入太阳系时，太阳系内的各行星的万有引力的吸力能把这个非周期彗星转变成新的周期彗星(它瓦解前将存在几千年)。另一方面，这些力可将它完全从彗星云里抛出。如果这说法正确，过去几个世纪以来，一千颗左右的彗星记录只不过是巨大彗星云中很少一部分样本，这种云迄今尚未直接观察到。与个别恒星相联系的这种彗星云可能遍及我们所处的银河系内。迄今还没有找到一种方法来探测可能与太阳相互联系的大量彗星，更不用说那些与其他恒星产生相互联系的彗星云了。彗星云的总质量还不清楚，不只是彗星总数很难确定，即使单个彗星的质量也很不确定。

8. 人类对彗星的探索

人类对于彗星的首次探索是 1985 年由 NASA 发射的探测器"国际彗星探测者号"完成的。这个探测器原本并不是打算用来探测彗星的，但由于一些原因，这颗原本用来对太阳进行观测的探测器成为人类历史上第一个近距离观察彗星的探测器。次年，欧洲航天局(ESA)“乔托”号探测器成功接近了哈雷彗星。这个探测器飞到了距离哈雷彗星彗核不到600公里的地方，冒着被彗星散发出的尘埃粒子击毁的危险，成功地拍下了哈雷彗星花生形状般彗核的照片。1999年“星尘号”发射成功，它在收集了维尔特二号彗星的慧发尘埃样品后，于2006年返回地球。

进入21世纪，人类对彗星的探索更加频繁和深入。2005年，NASA发射了“深度撞击”号探测器，这颗探测器发射了一枚撞击舱，在距离地球1.32亿公里的太空中撞击坦普尔1号彗星。这次撞击产生的威力相当于4.5吨TNT炸药的爆炸威力，在彗核表面留下了一个数十米深、足球场那么大的撞击坑。这次撞击帮助科学家了解了彗星内部的成分和结构。

如果要说人类探测彗星史上最重要的探测器，那么欧洲空间局的“罗塞塔”号当之无愧。这颗探测器完成了人类历史上对于彗星的第一次登陆。“罗塞塔”号探测器于2004年发射，用于研究楚留莫夫-格拉希门克彗星。探测器由两个部分组成：罗塞塔探测器和菲莱登陆器。探测器以罗塞塔石碑命名，而菲莱则是尼罗河中小岛的名字，这里有一块方尖碑被发现用于协助解读罗塞塔石碑。2014年，菲莱探测器成功登陆彗星，获取了大量的科学数据，2016年“罗塞塔”号撞击彗星，完成其最后的使命。罗塞塔号的发射旨在探索46亿年前太阳系的起源之谜，以及彗星是否为地球“提供”生命诞生时所必需的水分和有机物质。

图5-5 “罗塞塔”号、菲莱登陆器和楚留莫夫-格拉希门克彗星

二、流星、陨星和流星雨

流星是流星体(分布在星际空间的细小物体和尘粒)飞入地球大气层，跟大气摩擦产生了光和热，最后被燃尽成为一束光的现象(如果没有燃尽就是陨星)。通常所说的流星指这种短时间发光的流星体。流星可以分为偶发流星、

火流星、流星雨等。

1. 流星的运行

流星体是穿行在星际空间的尘埃和固体小块，数量众多。沿同一轨道绕太阳运行的大群流星体，称为流星群。其中石质的叫陨石，铁质的叫陨铁。

2. 流星余迹

流星余迹是指流星经过的路径上遗留下的云雾状电离气体长带，其寿命为百分之几秒到几分钟。火流星穿越地球大气高层时，在其穿越途中形成的云雾状光带，由电离气体和流星碎片组成。火流星持续时间只有几十秒至几分钟，但流星余迹可存在数小时之久。

3. 流星雨的成因和观测

大部分我们看到的流星转瞬即逝，往往在听到"看流星！"这三个字转头寻找的时候，流星早就不知所踪，几乎人人都看到过这种偶发流星。它们随机出现在各个方位、各个天区，很难被预测。然后还有一类流星，它们常常成群出现，且十分规律，出现在大致固定的时间、同样的天区范围。我们把这一类流星群现象称作流星雨。流星雨看起来像是从夜空中的一点迸发出来，这一点或一小块天区叫作流星雨的辐射点。为区别来自不同方向的流星雨，通常以流星雨辐射点所在天区的星座给流星雨命名。例如每年 11 月 17 日前后出现的流星雨辐射点在狮子座中，就被命名为狮子座流星雨。其他流星雨还有宝瓶座流星雨、猎户座流星雨、英仙座流星雨。

天顶每时出现率(ZHR)是评价流星雨观测价值的一个重要指标。它指的是假设辐射点位于仰角 90 度的天顶，在理想情况下，肉眼视力可以看到 6.5 等星的观测者可以看见的流星数量最多的流量值。ZHR 数值越高就说明该流星雨越盛大。

流星雨的成因曾经一直是个谜，后来随着天文学的研究深入，流星雨的成因之谜才渐渐揭开。研究认为形成流星雨的流星体群体实际是彗星、小行星等小天体在经过地球轨道时残留的物质，当地球公转运行经过这些位置时，这些流星体受地球引力，大量闯入大气层，与大气发生剧烈摩擦，发出强光，这就形成了流星雨。人们把给流星雨提供流星体的天体称为母彗星。每一个周期性流星雨都能找到与之对应的流星雨。如哈雷彗星就是著名的猎户座流星雨的母彗星。而狮子座流星雨的母彗星是坦普尔·塔特尔彗星，这颗彗星每 33 年回归一次，所以狮子座流星雨也有了 33 年的活跃周期。1998 年回归的时候，狮子座流星雨当年 ZHR 值达到 340，两非活跃年只有 15。当年的狮子座流星雨因为“雨量”巨大，被称为狮子座流星暴，狮子座流星雨也作为所谓的“流星雨之王”被大家所熟知。

其实像狮子座流星雨这样的流星雨并不稳定，不是每年都有观测价值，但北半球有三大流星雨每年都不迟到，且 ZHR 值稳定，被认为是北半球最有观测价值的三大流星雨。

(1)象限仪座流星雨

象限仪座是个已经废弃的星座，流星雨原名“天龙座流星雨”，为了避免与十月出现的另外一个主要流星雨“十月天龙座流星雨”混淆，故采用一个废弃了的星座来命名，亦是国际天文联会唯一的一个用不存在星座来命名的流星雨。它的辐射点原本位于天龙座，现今已经转移到牧夫座。象限仪座流星雨是传统大流量的流星雨。它的母彗星直到现在还是一个谜。象限仪座流星雨的活动期为 1 月 1 日到 5 日，极大一般在 1 月 3 日左右。极大时的平均天顶流量每小时为 120，经常在 60～200 之间变化。流星的速度属于中等，亮度较高。

(2)英仙座流星雨

英仙座流星雨是以英仙座 γ 星附近为辐射点出现的流星雨，也称英仙座 γ 流星雨。每年在 7 月 20 日至 8 月 20 日前后出现，于 8 月 13 日达到高潮。它不但数量多，而且几乎从来没有在夏季星空中缺席过，每年固定时间稳定出现，是最活跃、最常被观测到的流星雨，也是对非专业流星观测者来说最友好的流星雨，为北半球三大周期性流星雨之首。母彗星是周期为 133 年的斯威夫特・塔特尔彗星。此彗星于 1862 年被路易斯・斯威夫特和塔特尔发现，之后意大利天文学家乔万尼・施亚帕雷利提出它可能是英仙座流星雨的母天体。这也是彗星首次被认定为流星雨的母天体。1992 年回归时，峰值 ZHR 值达到 400，非回归年，ZHR 也高达 100。英仙座流星雨最大的特点是火流星较多。

(3)双子座流星雨

双子座流星雨一般在每年 12 月 4 日至 17 日光临地球，是少数的母体非彗星的流星雨，其母体是小行星 3200 法厄同。ZHR 平均值约为 120。双子座流星雨有三大特点：一是颜色偏白，除白色流星外，还有红、黄、蓝、绿等多种颜色；二是流星体速度较慢；三是亮流星很多，常有火流星出现。因为观测时间为冬季，且观测时为午夜，要特别注意防寒保暖。

图 5-6　流星雨

图 5-7　陨石

4. 陨星

陨星,即自空间降落于地球表面的大流星体,大约 92.8%的陨星主要成分是二氧化硅(也就是普通岩石),5.7%是铁和镍,其他的陨石是这三种物质的混合物。含石量大的陨星称为陨石,含铁量大的陨星称为陨铁。

阅读资料

★哈雷彗星

1682 年 8 月,天空中出现了一颗用肉眼可见的亮彗星,它的后面拖着一条清晰可见、弯弯的尾巴。这颗彗星的出现引起了几乎所有天文学家们的关注。当时,年仅 26 岁的英国天文学家哈雷对这颗彗星尤为感兴趣。他仔细观测、记录了彗星的位置和它在星空中的逐日变化。经过一段时期的观察,他惊讶地发现,这颗彗星好像不是初次光临地球的新客,而是似曾相识的老朋友。

在哈雷生活的那个时代,还没有人意识到彗星会定期回到太阳附近。自从产生了这个大胆的念头后,哈雷便怀着极大的兴趣,全身心地投入到对彗星的观测和研究中去了。在通过大量的观测、研究和计算后,他大胆地预言,1682 年出现的那颗彗星,将于 1758 年底或 1759 年初再次回归。哈雷作出这个预言时已近 50 岁了,而他的预言是否正确,还需等待 50 年的时间。他意识到自己无法亲眼看见这颗彗星的再次回归,于是,他以一种幽默而又带点遗憾的口吻说:“如果彗星根据我的预言确实在 1758 年回来了,公平的后人大概不会拒绝承认这是由一位英国人首先发现的。”

在哈雷去世 10 多年后,1758 年底,这颗第一个被预报回归的彗星被一位业余天文学家观测到了,它准时地回到了太阳附近。哈雷在 18 世纪初的预言,经过半个多世纪的时间终于得到了证实。后人为了纪念他,把这颗彗星命名为“哈雷彗星”。其实在历史上，从公元前 240 年起哈雷彗星的每次回归，我国都有所记载，最早的一次可能是周武王伐纣之年，即公元前 1057 年。哈雷彗星每隔大约 76 年都会按时回归。在哈雷彗星回归时，可以对它进行大量的观测研究。哈雷彗星的最近一次回归是 1986 年，中国和其他各国一样对它进行了大量的观测，发现了断尾现象。它的再次回归要等到 2062 年左右。

我国对哈雷彗星曾做过最早的记载，史书《春秋》中曾有：鲁文公十四年（公元前 613 年），“秋七月有星孛（彗星）入于北斗”。现代天文学家根据它的轨道和时间判断此星孛即哈雷彗星。

大部分彗星都不停地围绕太阳沿着很扁长的轨道运行。循椭圆形轨道运行的彗星，叫“周期彗星”。公转周期一般在 3 年至几世纪之间。周期只有几年的彗星多数是小彗星，直接用肉眼很难看到。不循椭圆形轨道运行的彗星，只能算是太阳系的过客，一旦离去就不见踪影。大多数彗星在天空中都是由西向东运行。但也有例外，哈雷彗星就是从东向西运行的。

哈雷彗星的平均公转周期为 76 年，但是你不能用 1986 年加上几个 76 年得到它的精确回归日期。主行星的引力作用使它周期变更，陷入一个又一个循环。非重力效果（靠近太阳时大量蒸发）也扮演了使它周期变化的重要角色。在公元前 239 年到公元 1986 年，公转周期在 76.0 年（1986 年）到 79.3 年（451 年和 1066 年）之间变化。最近的近日点为公元前 11 年和公元 66 年。

哈雷彗星的公转轨道是逆向的，与黄道面呈 18°倾斜。另外，像其他彗星一样，偏心率较大。哈雷彗星的彗核大约为 16 km×8 km×8 km。与先前预计的相反，哈雷彗星的彗核非常暗：它的反射率仅为 0.03，使它比煤还暗，成为太阳系中最暗物体之一。哈雷彗星彗核的密度很低，大约 0.1 g/cm^3，说明它多孔，可能是在冰升华后，大部分尘埃都留了下来所致。

哈雷彗星在众多彗星中几乎是独一无二的，又大又活跃，且轨道明确规律。这使得 Giotto 飞行器瞄准起来比较容易。但是它无法代表其他彗星所具有的公性。

彗星本身是不会发光的。早在晋代，我国天文学家就认识到这一点。《晋书·天文志》中记载：“彗本无光，反日而为光。”彗星是靠反射太阳光而发光的。一般彗星的发光都是很暗的，它们的出现只有天文学家用天文仪器才可观测到。只有极少数彗星，被太阳照得很明亮，拖着长长的尾巴，才被我们所看见。

第六章 银河系和河外星系

一、银河系

1. 银河和银河系

银河在中国古代又称天河、银汉、星河。银河是横跨星空的一条淡淡发光的带，在天鹰座与天赤道相交，在北半天球。银河在天球上勾画出一条宽窄不一的带，称为银道带。它的最宽处达 30°，最窄处只有 4°～5°，平均约 20°。这只是银河系中的一部分。

银河系是太阳系所在的恒星系统，包括 1000～4000 亿颗恒星和大量的星团、星云，还有各种类型的星际气体和星际尘埃。它的直径约为 100 000 光年，中心厚度约为 12 000 光年，总质量是太阳质量的 2100 亿倍。在过去，银河系被认为是一个旋涡星系，但最新的研究表明银河系应该是一个棒旋星系，呈扁球体，具有巨大的盘面结构，由明亮的核心、两条主要的旋臂和两条未形成的旋臂组成，旋臂相距 4500 光年。太阳系位于银河一个支臂猎户臂上，至银河中心的距离大约是 2.6 万光年。

2. 银河系的大小和结构

银河系的中央是超大质量的黑洞，自内向外分别由银心、银核、银盘、银晕和银冕组成。

(1)银核与银心

银河系核球的中心部分是一个不大的致密区叫银核。银核为扁球形，赤道半径约 30 光年，极半径 20 光年。银核中心处又有

图 6-1 银河系

一更小的核中之核，称为内核心，也叫银心，半径只有1光年左右。银核能发出强射电辐射、红外辐射、X射线和γ射线，被认为存在超大质量的黑洞。

（2）银盘

银河系的物质，主要是恒星，密集部分组成一个圆盘，形状如运动场上的铁饼，称为银盘。银盘的中心平面叫银道面，银盘中心隆起的部分叫银河系核球。银道面与天赤道相交成约63.5°。

图6-2　银河系侧面

据最新研究资料，银盘直径约8万光年（近年研究为8.5万光年，早期值是10万光年）。银盘中间厚，外边薄，中间的核球直径约1万光年。银盘靠近核球的地方厚约3000～6000光年，边缘只1000光年。太阳在银盘中位于距银心大约2.4万光年的地方，它到银盘边缘的距离为1.6～6.4万光年不等，太阳附近的银盘厚度约为3千光年。

（3）银晕和银冕

银盘外面一个范围广大、近似球状分布的系统叫银晕。银晕直径约为10万多光年，密度比银盘小。近年来，根据观测可见物质的运动推断，在恒星分布区之处，还存在一个巨大的、大致呈球形的射电辐射区，称为"银冕"，它的半径可达30万光年。

（4）旋臂

银盘中有旋臂，这是盘内气体尘埃和年轻恒星集中的地方。观测发现，大量的恒星和星际弥漫物质都高度集中在旋臂上，银河系具有旋涡结构是很明显的。

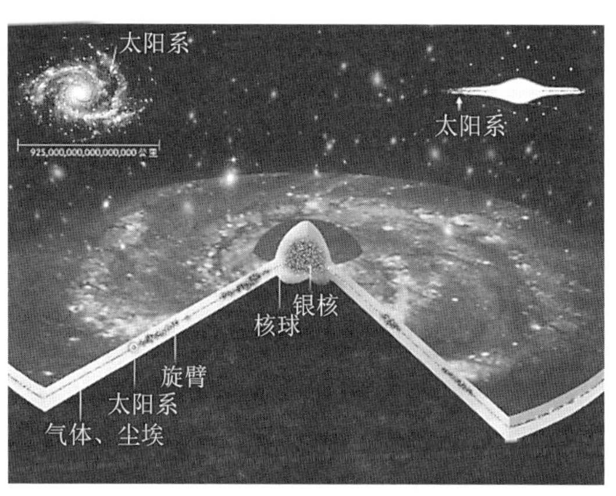

图6-3　银河系结构

关于银河系的旋涡结构，到目前为止的研究结果是：太阳附近有一条旋臂称猎户臂，离银心为1.04万秒差距，太阳离它的内边缘只有几千秒差距；在猎户臂之外，还有一条旋臂叫英仙臂，包括著名的英仙座双星团，离银心约 1.23 万秒差距；在银心方向有一条人马臂，离银心约 8700 秒差距；离银心 3000 秒差距处还有一条旋臂，大约以 45 km/s 的速度向外膨胀，旋臂之间的气体密度小得多。

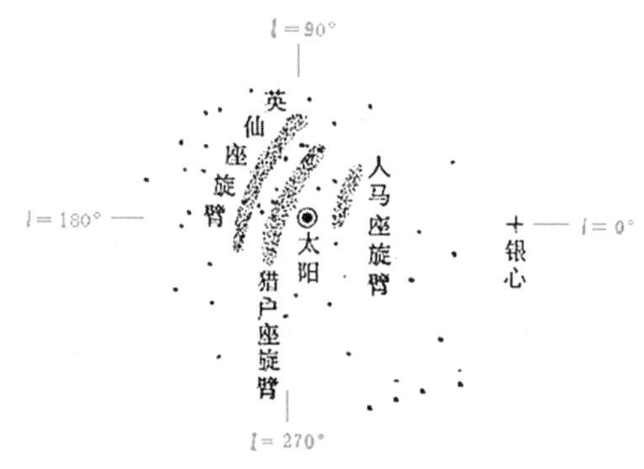

图 6-4 银河系悬臂示意图

3. 银河系的运动

(1)自转运动

①开普勒转动

绕转体围绕中心的旋转运动的线速度，如果与它到中心的距离的平方根成反比，这样的转动称开普勒转动。太阳系里的各行星绕太阳的公转运动，就是开普勒转动的实例。银河系中心部分的恒星密度较大，整个系统的质量绝大部分集中于中心，外围部分的恒星绕银心的转动就是近乎开普勒转动。

②刚体转动

绕转体围绕中心的旋转运动的线速度，如果与它到中心的距离成正比，我们称这种转动运动为刚体运动。这时各处的角速度相同。如果银河系里的物质均匀分布，则银河系的自转运动应该是刚体转动。

③较差自转

上面所说的开普勒转动和刚体转动，都不符合银河系转动的实际情况，银河系的自转是介于两种极端情况之间。粗略来说，银河系中心部分接近于刚体转动，外围部分接近于开普勒转动，中间部分则比较复杂。像银河系这样的转动称为较差自转。

(2)哈勃星系流

银河以及其南北两面共几千个星系除参与宇宙膨胀外，还以 600 km/s 的速度向南十字座运动，即哈勃星系流。

二、星系和宇宙

1. 哈勃星系分类系统

星系在形状、组成和运行方式上有很大的差异。美国天文学家哈勃在对星系做了大量观测后，于 1926 年提出了第一个按照形态划分星系的分类系统，在 20 世纪 50 年代经过不断地修订，最终完成了著名的哈勃分类系统。这也是目前天文学界广泛应用和认同的一个星系分类法。哈勃星系分类系统根据星系形态，将星系分为椭圆星系、旋涡星系、透镜状星系和不规则星系。

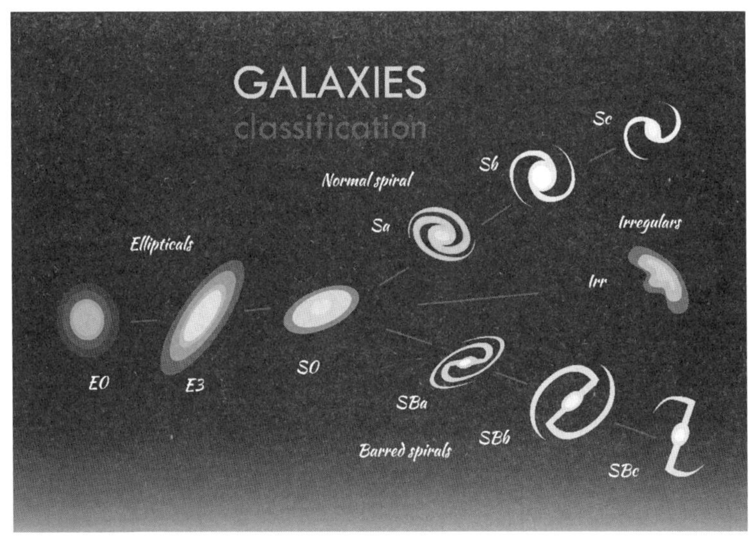

图 6-5 哈勃星系分类

(1)椭圆星系：外形呈正圆形或椭圆形，中心亮，边缘渐暗。按外形又分为 E0 到 E7 八种次型。椭圆星系的传统形象是最初的爆发之后，恒星形成过程已经结束的星系，只留下衰老中的恒星仍在闪烁着光辉，但偶尔仍会有少量的恒星形成。通常，椭圆星系看起来是黄色或红色，与在旋臂上有高热的年轻恒星，发出淡蓝色调的旋涡星系对比有很大的差异。“椭圆星系”形如椭圆，没有或仅有少量气体和尘埃，辐射大部分来自红巨星，缺乏热的亮恒星，颜色一般偏红，没有主导的绕轴自转，像蜂群那样的成员星在各自轨道上绕中心转动，没有旋涡结构。

图 6-6 椭圆星系

(2)旋涡星系：外形呈旋涡结构，有明显的核心，核心呈凸透镜形，核心球外是一个薄薄的圆盘，有几条旋臂。在旋涡星系中有一类的核心不是球形，而是棒状，旋臂从棒的两端生出，称为棒旋星系，银河系就是一个棒旋星系。旋涡星系是目前观测到的数量最多、外形最美丽的一种星系。它的形状很像江河中的旋涡，因而得名。这类星系在其对称面附近含有大量的弥漫物质。从正面看，形状像旋涡；从侧面看，便呈梭状。仙女座星云、三角座星云都是这种类型的河外星系。

图 6-7　旋涡星系

图 6-8　棒旋星系

（3）透镜状星系：在哈勃星系分类中，介于椭圆星系和旋涡星系之间的星系。透镜星系是圆盘星系（像螺旋星系），已经用尽或丢失了大部分的星际物质，并且只有少量的恒星形成在进行中。结果是，它们以老化的恒星为主（像椭圆星系）。透镜星系的尘埃多数都只在接近核心的区域，也就是在核球的外观上只有微量的。因为它们没有可以明确定义的螺旋臂，如果倾斜者以正面朝向我们，就很难将它们和椭圆星系区分。

（4）不规则星系：外形不规则，没有明显的核和旋臂，没有盘状对称结构或者看不出有旋转对称性的星系。在全天最亮星系中，不规则星系只占 5%。按星系分类法，不规则星系分为 lrr Ⅰ 型和 lrr Ⅱ 型两类。lrrⅠ型的是典型的不规则星系，除具有上述的一般特征外，有的还有隐约可见不甚规则的棒状结构。它们是矮星系，质量为太阳的一亿倍到十亿倍，也有可高达 100 亿倍太阳质量的。它们的体积小，长径的幅度为 2000～9000 秒差距。星族成分和 Sc 型螺旋星系相似：O—B 型星、电离

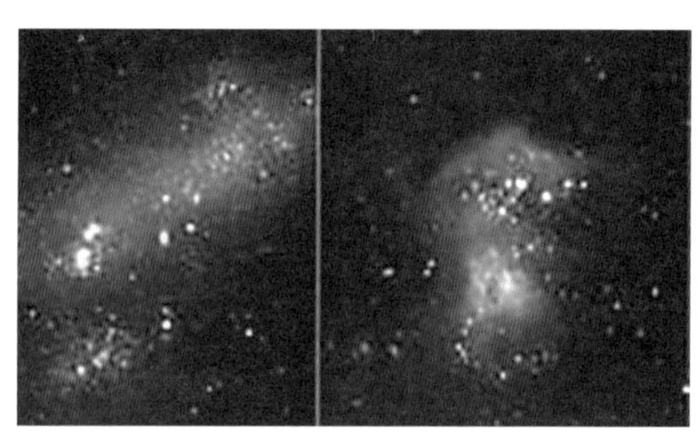
图 6-9　不规则星系

氢区、气体和尘埃等年轻的星族Ⅰ天体占很大比例。IrrⅡ型的具有无定型的外貌，分辨不出恒星和星团等组成成分，而且往往有明显的尘埃带。一部分Ⅱ型不规则星系可能是正在爆发或爆发后的星系，另一些则是受伴星系的引力扰动而扭曲了的星系。所以Ⅰ型和Ⅱ型不规则星系的起源可能完全不同。

2. 红移和类星体

红移：20 世纪初有人发现，除少数几个较近星系，所有星系的光谱都有红移，即观测到的谱线比实验室测知的相应谱线的波长较长，向光谱的红端移动。对谱线红移，目前流行的解释就是大爆炸宇宙学说。该学说认为宇宙正在膨胀，从而导致谱线红移。

图 6-10 武仙座星系团

类星体：20 世纪 60 年代，天文学家在茫茫星海中也发现了一种奇特的天体，从照片看来如恒星但肯定不是恒星，光谱似行星状星云但又不是星云，外形像星团又不是星团，发出的射电（即无线电波）如星系又不是星系，因此称它为“类星体”。

3. 星系团和宇宙

由两个星系组成的称为双重星系；由三个到十个称为多重星系；十个至几十个星系组成的称为星系群；比星系群更大的系统叫星系团。

总星系是观测所及的星系和星系际物质的总称。按照我们的理解，总星系就是“我们的宇宙”。

阅读资料

★河外星系的特点

大小：椭圆星系的大小差异很大，直径在 3300 光年至 49 万光年之间；旋涡星系的直径一般在 1.6 万光年至 16 万光年之间；不规则星系直径一般在 6500 光年至 2.9 万光年之间。当然，由于星系的亮度总是由中心向边缘渐暗，外边缘没有明显界线，用不同的方法测得的结果往往也是不一样的。

质量：星系质量一般在太阳质量的100万至10 000亿倍之间。椭圆星系的质量差异很大，大小质量差竟达1亿倍。相比之下，旋涡星系质量居中，不规则星系一般较小。

运动：星系内的恒星在运动，星系本身也有自转，星系整体在空间同样在运动。星系的红移现象，就是在星系的光谱观测中，某一谱线向红端的位移。为什么有这种位移呢？这种位移现象说明了什么呢？根据物理学中的多普勒效应，红移表明被观测的天体在空间视线方向上正在远离我们而去。1929年，哈勃发现星系红移量与星系离我们的距离成正比。距离越远，红移量越大。这种关系被称为哈勃定律。这是大爆炸宇宙学的实测依据。

分布：星系在宇宙空间的总体分布是各个方向都一样，近于均匀。但是从小尺度看，星系的分布又是不均匀的，与恒星的分布一样，有成团集聚的倾向。大麦哲伦星系和小麦哲伦星系组成双重星系。它们又和银河系组成三重星系，加上仙女座大星系等构成了本星系群。

演化：作为庞大的天体系统来说，星系也有形成、发展到衰亡的演化过程。星系从形态序列看，有椭圆星系、旋涡星系和不规则星系。这种形态上的差别是否代表它们演化阶段的不同呢？谁属年轻？谁是中年？谁算老年？现在仍未有结论，尚处于探索之中。

★类星体

类星体是20世纪60年代天文学四大发现之一。类星体在光学观测中只是一个光点，类似恒星。但是在分光观测中，它的谱线具有很大的红移，又不像恒星，因此称为类星体。到1993年底已确认了10 000多个类星体。

类星体的红移量之大，使天文学家们吃惊。为什么类星体有这么大的红移？前面已经提到河外星系的红移。那么，类星体是不是就是河外星系呢？根据最新的观测，许多类星体其实就是遥远星系的核心。那么如果类星体真是离我们那么远，那它们自身的光度一定非常强大，比一般星系大上千倍。但是，根据光变时标推断，它们的体积似乎小于1光年。体积不大又怎么能提供如此强大的能量呢？多数天文学家相信，这是由中心的超大质量黑洞吸积周围物质释放的引力能。总之，现在只观测到类星体的一些蛛丝马迹，类星体的本质还不清楚。正因为类星体浑身是谜，才愈发地引起天文学家们的极大兴趣。科学就是要解答未知的东西。

第七章 恒星世界

一、恒星的距离、运动、亮度和光度、大小、光谱

1. 距离

(1)测量距离的办法

①方法:三角视差法

河内天体的距离又称为视差,恒星对日地平均距离(a)的张角叫作恒星的三角视差(p),则较近的恒星的距离 D 可表示为:$\sin\pi=a/D$

若 π 很小,π 以角秒表示,且单位取秒差距(pc),则有:$D=1/\pi$。

用周年视差法测定恒星距离,有一定的局限性,因为恒星离我们愈远,π 就愈小,实际观测中很难测定。三角视差是一切天体距离测量的基础,至今用这种方法测量了10 000多颗恒星。

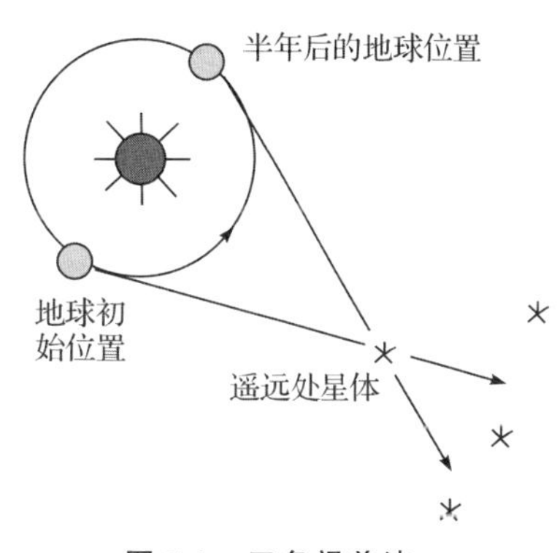

图 7-1 三角视差法

天文学上的距离单位除天文单位(AU)、秒差距(pc)外,还有光年(ly),即光在真空中一年所走过的距离,相当 94 605 亿千米。三种距离单位的关系是:

1 秒差距(pc)=206 265 天文单位(AU)=3.26 光年=3.09×10^{13} km

1 光年(1y)=0.307 秒差距(pc)=63 240 天文单位(Au)=0.95×10^{13} km

②分光视差法

对于距离更遥远的恒星,比如距离超过 110 pc 的恒星,由于周年视差非常小,无法用三角视差法测出。于是,又发展了另外一种比较方便的方法——分光视差法。该方法的核心是根据恒星的谱线强度去确定恒星的光度,知道了光度(绝对星等 M),由观测得到的视星等(m)就可以得到距离。

$$m-M=-5+5\log D$$

总之，恒星距离测定的方法有威尔逊-巴普法、星际视差法、力学视差法、星群视差法、统计视差法、自转视差法等。

③单位：秒差距

秒差距(parsec)是一种最古老的，同时也是最标准的测量恒星距离的方法。它是建立在三角视差的基础上的。从地球公转轨道的平均半径(1 AU)为底边所对应的三角形内角称为视差。当这个角的大小为1角秒时，这个三角形(由于1角秒的角的所对应的两条边的长度差异完全可以忽略，因此，这个三角形可以想象成直角三角形，也可以想象成等腰三角形)的一条边的长度(地球到这个恒星的距离)就称为1秒差距。

(2)光年

长度单位，指光在一年时间中行走的距离，即约九万四千六百亿公里(或五万八千八百亿英里)。更正式的定义为：在一儒略年的时间中(即365.25日，而每日相等于86 400 s)，在自由空间以及距离任何引力场或磁场无限远的地方，一光子所行走的距离。因为真空中的光速是每秒299 792 458 m(准确)，所以一光年就等于9 460 730 472 580 800 m。

2. 运动

(1)恒星的运动——自行

①空间速度

恒星除了自转运动外，每一个恒星还有自己的空间运动。这种相对运动称为恒星的空间运动，其运动的相对速度称为空间速度。

②视向速度、切向速度

恒星空间运动的方向是多种多样的，有的向东，有的向西，有的接近太阳，有的远离太阳。我们把恒星空间运动速度分成两个分量：一个沿视线方向，叫视向速度；一个和视线垂直，叫切向速度。

(2)太阳飞向何方?

古人认为太阳是不动的，所以把它叫恒星，但实际上太阳是动的。太阳一方面自转，一方面又向着武仙座方向以20 km/s的速度运动，同时又带着整个太阳系以250 km/s的速度绕银河系中心运转，运转一周约需2.2亿年。

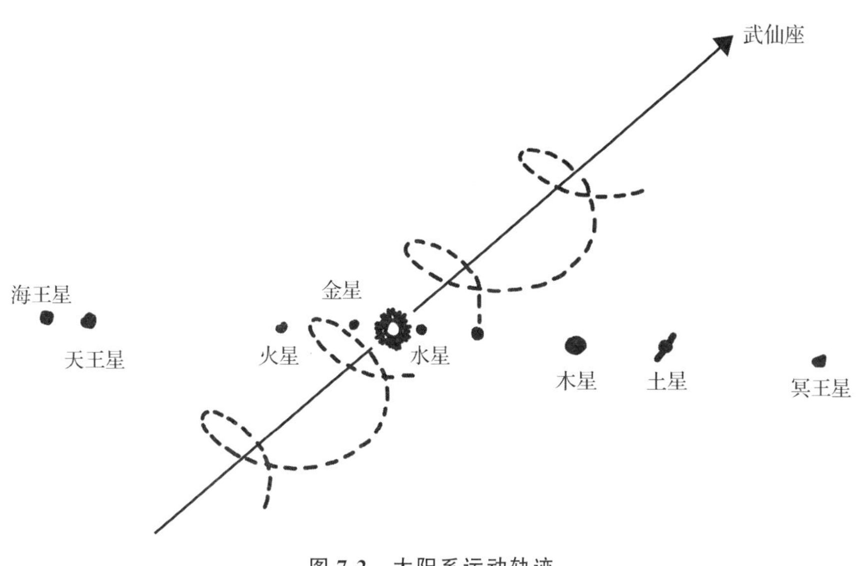

图 7-2　太阳系运动轨迹

3. 恒星的亮度和光度

(1)亮度

在公元前 2 世纪,希腊天文学家喜帕恰斯在编制星表时,按亮度把恒星分为 6 个等级。亮度越大,星等越小,肉眼刚能看到的为 6 等星。1 等星比 6 等星大约亮 100 倍。天文学家把这种在地球上观测得到的恒星亮度与星等称为视亮度和视星等。如大家非常熟悉的织女星,它的视星等为 0.03,属于一等星。视星等也可以是负值,它代表更亮的天体。如太阳的视星等为−26.73。

恒星的视星等是人们用肉眼及望远镜观察的亮度,它并不代表恒星的真正发光强弱。因为受到恒星与观测者之间距离的影响,距离越远,视亮度反而越小。因此,要比较恒星的真实亮度,应将它们提到与我们同一个距离上。天文学家设想,把恒星移置距离地球 10 秒差距(即 32.6 光年)处,这时恒星的视星等称为“绝对星等”。如果把太阳放在离地球 10 秒差距的地方,那么我们所看到的太阳只比一颗 5 等暗星稍亮一点罢了。

(2)光度

恒星的真正亮度还可以用“光度”来表示。和太阳一样,恒星内部也进行着热核聚变反应,产生的热量不断向外层转移,最后从恒星表面射向太空。天文学家把每秒钟从恒星表面释放的光能量称为恒星的光度。一般说,恒星的光度与恒星的质量成正比,恒星质量越大,其光度越强。

恒星的光度差异很大，最大的恒星光度比太阳光度强100万倍；而最小的恒星光度仅是太阳光度的1/1 000 000。有趣的是，太阳正好处于恒星整个光度范围的中间位置。因此，天文学家常以太阳光度为单位表示恒星的光度。一般把光度比太阳大100倍左右的恒星称为巨星，巨星的直径通常比太阳的直径大二三十倍。而光度小的恒星称为矮星，其体积也比较小。巨星和矮星就好比恒星世界的巨人和矮子，太阳就是一颗黄色矮星。光度比巨星还大的称为超巨星，天津四就是一颗超巨星，光度比太阳强约6万倍。而我们肉眼能看到的全天最亮的天狼星的伴星（双星中较亮的一颗叫主星，较暗的一颗叫伴星）是一颗白矮星，它的光度不到太阳的1/10 000。

（3）亮度和光度的关系

恒星的光度与绝对星等之间存在着密切的关系：绝对星等相差1等，光度相差2.512倍。例如，绝对星等1等星的光度是绝对星等2等星的光度的2.512倍，是绝对星等6等星的100倍。这和星等与视亮度之间的关系是类似的。

4. 恒星的大小

（1）测量方法

恒星干涉仪：利用干涉原理测量恒星角直径和双星角距离的光学仪器。分辨本领极高，有相位相关干涉仪和强度干涉仪两种。

（2）恒星的大小悬殊

恒星的直径差别极大，超巨星的直径是太阳的1000倍，白矮星是太阳的几百分之一。天蝎座α（新宿二）直径是太阳的600倍，猎户座α直径是太阳的900倍，体积相当于7亿个太阳的体积。比太阳小的恒星当然就有褐矮星、黄矮星、红矮星这些正常类和“非正常类”的白矮星、黑矮星、中子星。

5. 恒星的发光和光谱

（1）光谱

太阳的光谱是于1666年发现的，而恒星的光谱拍摄和研究直到1870年才开始。人们通过研究恒星的光谱发现：颜色相同的恒星，光谱大致相同；颜色不同的恒星，光谱也不相同。

（2）恒星的光谱型

根据恒星光谱特征所作的分类。现通用哈佛分类法，光谱类型按字母序列O、B、A、F、G、K、M的次序命名。常用一句简单的英文句子帮助记忆：

“Oh! Be a find girl kiss me.”取每个单词的首字母即为光谱型字母序列。光谱型不同，恒星的各种性质相差很大。观测恒星光谱，可研究恒星的组成和结构、发生变化的物理过程，确定恒星的距离，研究恒星在空间的运动等。

太阳光谱属于 G2V 光谱型，有效温度为 5770 K。

①O 型：蓝白色。紫外连续谱强。有电离氦、中性氦和氢线，二次电离碳、氮、氧线较弱。如猎户座 ι（中名伐三）。

②B 型：蓝白色。氢线强，中性氦线明显，无电离氦线，但有电离碳、氮、氧和二次电离硅线。如大熊座 η（中名摇光）。

③A 型：白色。氢线极强，氦线消失，出现电离镁和电离钙线。如天琴座 α（中名织女一）。

④F 型：黄白色。氢线强，但比 A 型弱。电离钙线大大增强变宽，出现许多金属线。如仙后座 β（中名王良一）。

⑤G 型：黄色。氢线变弱，金属线增强，电离钙线很强很宽。如太阳、天龙座 β（中名天棓三）。

⑥K 型：橙色。氢线弱，金属线比 G 型强得多。如金牛座 α（中名毕宿五）。

⑦M 型：红色。氧化钛分子带最突出，金属线仍强，氢线很弱。

⑧R 和 N 型：橙到红色。光谱同 K 型和 M 型相似，但增加了很强的碳和氰的分子带。后来把它们合称为碳星，记为 C。如双鱼座 19 号星。

⑨S 型：红色。光谱同 M 型相似，但增加了强的氧化锆分子带，常有氢发射线。如双子座 R。

(3)恒星的光谱-光度图——赫罗图

恒星的光谱型和光度之间的关系，首先由丹麦天文学家赫兹普龙和美国天文学家罗素所发现。这个以绝对星等或光度为纵坐标，以光谱型或表面温度的对数为横坐标作的图，叫作“光谱-光度图”，或叫“赫罗图”。

在赫罗图上，恒星集中在几个区域，绝大多数恒星分布在从左上到右下的一条带子上，这条带称为主星序。主星序上的恒星，有效温度越高的，光度就越高。主星序上的这些星被称为主序星，又称矮星。人们所熟悉的太阳、牛郎、织女等都是主序星。在主星序右上方有一些恒星，它们的温度和某些主序星的温度一样，但光度高得多，因此称之为巨星或超巨星。像北极星（小熊座 α）、大角（牧夫座 α）属于巨星，心宿二（天蝎座 α）就是著名的超巨星。在主星序左下方，有一些温度高而光度低的星就是白矮星，天狼 B（即天狼星的伴星）

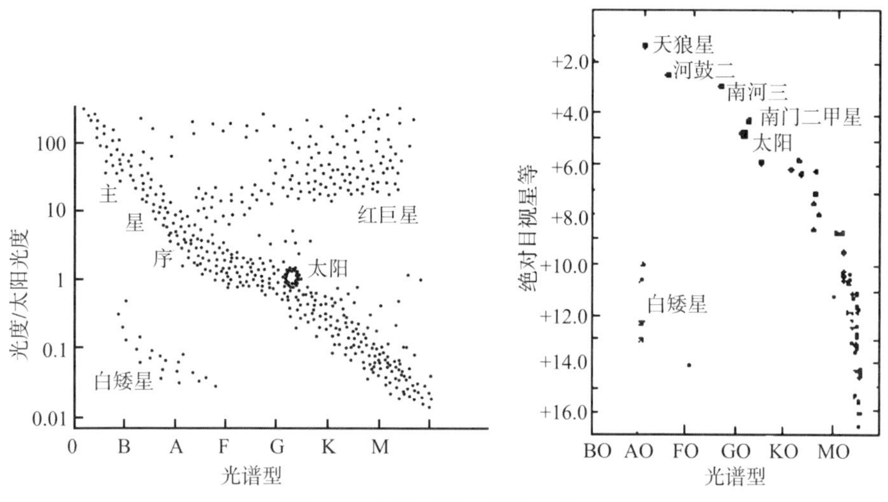

图 7-3　离太阳最近的恒星赫罗图

就是最亮的白矮星。

在主序星内,恒星的质量和它的光度有关,也就是存在质光关系,即质量大的恒星,光度也高。在赫罗图中的主星序斜带上,左上端的恒星光度高,质量大,越往右下方,光度越小,质量也越小。

赫罗图在恒星演化的研究中十分重要。由于恒星内部能源的不断消耗,恒星要发生演变,光度和温度都要发生变化,这就导致它在赫罗图上的位置也要发生变化。天文学家根据赫罗图描绘了恒星从诞生到成长再到衰亡的演化过程,并从理论上给出恒星从诞生到主序星、红巨星、变星、新星(超新星)、致密星(白矮星或中子星或黑洞)的演化机制和模型。这是人类认识恒星世界奥秘的一个重大突破。

二、恒星的多样性

1. 变星

(1)交食变星:大陵五的组成有两颗子星,形成最简单的双星系统。其中一颗子星称为主星,比较亮,另一颗子星称为伴星,比较暗。它们的光度变化原因,是这两颗子星在万有引力的作用下,相互绕转,由于位置不同,相互遮挡使其光度发生变化。这种变星叫交食变星。

(2)脉动变星:脉动变星是指由脉动引起亮度变化的恒星。这些变星亮度的变化,可能是由于恒星体内(自身的大气层)一会儿膨胀,一会儿收缩这种周期性的变化而引起的。恒星周期性的膨胀与收缩,必然引起恒星半径周期性地增大与减小,恒星的表面积也周期性地增加与减少,温度和总辐射能量都发生变化,因而光度也周期性地增大与减小,看起来它的亮度也周期性地变亮与变暗。另外,其颜色、光谱型和视向速度,有时还有磁场,也都随之发生变化。

2. 新星和超新星

有时候在天球上某一个地方会出现一颗很亮的星,它的亮度在很短时间内(几小时到几天)迅速增加,以后就慢慢减弱,在几年或几十年之后才恢复原来的亮度,这就是新星,符号为“N”。

超新星是激烈的天体爆发,但从观测角度来说它们是罕见的天文现象。超新星同新星很类似,但超新星的爆发规模更大,爆发时亮度可猛增 20 个星等或更多,光度增大到原有的一千万倍至一亿倍,达到太阳光度的 10 亿倍以上。超新星用符号“SN”表示。

3. 星云物质——星云

我们已经知道了恒星的空间分布,了解到恒星之间具有广阔无垠的空间。那么,恒星际空间是不是一无所有的真空呢?如果有物质,又以什么形态存在呢?可以肯定地说,恒星之间不是真空,而是充满了形形色色的物质。这些物质包括星际气体、尘埃、粒子流、宇宙线和星际磁场等,统称为恒星际物质。这些星际物质的分布也是不均匀的。有的地方气体和尘埃比较密集,形成各种各样的云雾状的天体。这些云雾状的天体就叫星云。“星云”这个名词仅有 200 多年的历史。起初把星际空间弥散的云雾状天体统称星云。后来随着天文望远镜分辨率的提高,这些星云又被分成星团、星系和星云三种类型。1924 年以后,天文学家们把由气体和尘埃物质组成的星云确定为我们银河系内的天体。通过对星云和星际物质的观测研究,我们更全面地认识了恒星的形成与衰亡,更深刻地了解了银河物质的空间分布。

银河系中的星云物质,就形态来说,可以分为弥漫星云、行星状星云和超新星剩余物质云;就发光性质来说,可分为发射星云、反射星云和暗星云。

从外形上看,弥漫星云没有明显边界,平均直径在几十光年,常常呈不规则形态。平均密度为 10～100 原子/立方厘米。大多数弥漫星云质量在 10 个太阳质量左右,它们主要分布在银河系内的银道面附近。弥漫星云又分为亮星云和暗星云,亮星云又分为反射星云和发射星云。

4. 新星和超新星

历史记载的新星和超新星爆发见表 7-1。

表 7-1 历史记载的新星和超新星爆发

时间	方位	视亮度	观测、记录者
185 年	半人马座	比金星亮	中国人
369 年	仙后座	比木星亮	中国人
1006 年	豺狼座	比金星亮	中国、日本、朝鲜、阿拉伯人
1054 年	金牛座	比金星亮	中国、日本、阿拉伯、印度人
1572 年	仙后座	与金星相同	布拉赫等
1604 年	蛇夫座	介于天狼星和木星之间	中国人和开普勒、伽利略等

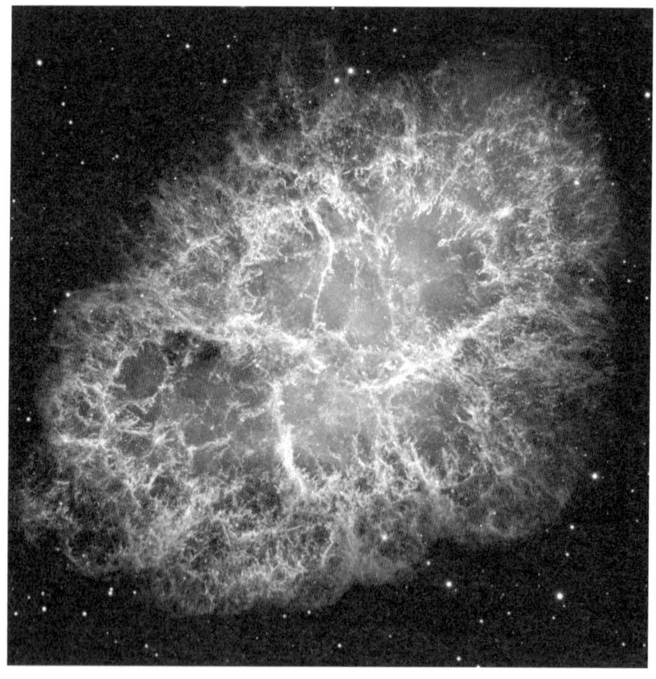

图 7-4 蟹状星云

1987 年 2 月 23 日，一位加拿大天文学家在大麦哲伦星云中发现了一颗超新星，这是自 1604 年以来第一颗用肉眼能看到的超新星，这颗超新星被命名为“1987A”。

三、恒星的一生

目前大多数天文学家都相信恒星都是由稀薄气体云和尘埃因引力坍缩而产生的。这些气体云和尘埃的引力的强弱同恒星一生的归属密切相关，换句话说，恒星初始质量的大小影响着它的演化方向、年龄以及最终死亡的结局。大质量恒星相对于小质量恒星来说，演化速度要快得多。对于质量大于 8 个太阳质量的恒星来说，通常都是以超新星爆发的形式终其一生。

恒星的诞生地通常认为是在那些星际气体中。当这些星际气体的密度超过某个临界值的时候，气体之间的相互引力会逐渐超过气体的压力，这样，星际气体就会开始收缩，密度便会不断地加大。由于星际气体的质量实在是太大，所以在密度增大的同时，星际气体内部同时会变得越来越不稳定。这就导致一些较为微小的气体团形成。随着时间的推移，这些小的气体团便会慢慢地演变成为一颗颗的恒星。因此，在我们看来，恒星都是成团成团地诞生。

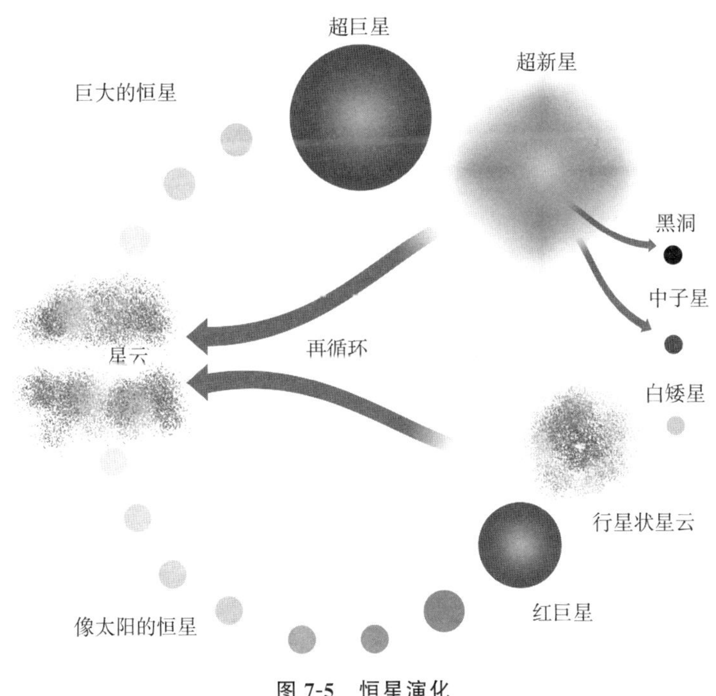

图 7-5　恒星演化

这些由气体和尘埃形成的缓慢自转的球体所产生的恒星，天文界已提出一个公认的诞生图像。但是具体到细节还尚不明了，特别是坍缩的稍后阶段，也就是关于行星形成的清晰理论还没有一个明确的答案。但是巨型红外望远镜的出现使得天文学家的研究变得相对来说比较容易了。因为电磁波在红外线波段的波长较光学波段的波长要长出许多,所以通过红外望远镜,我们能够清楚地看到遍布气体和尘埃的恒星诞生地的内部。

下面来看看恒星诞生的具体过程。当星际气体的内部分解成一块块的较小的气体团之后,这些气体团会继续收缩下去。这时,气体团的密度已经达到60 000个氢原子/立方厘米,远大于正常星际气体的密度——1个氢原子/立方厘米。最初气体团密度较低的时候,其中心物质发出来的光辐射还是能够突破重重阻碍到达气体团的外部,但是随着气体团的收缩,由中心到外层逐渐形成了密度梯度,气体团中央的密度大到光也穿透不出来。这样气体团中心的温度就会不断升高,压力也开始升高,收缩慢慢停止。直至温度达到2000 ℃左右,氢分子开始分解成为原子。于是核心再度收缩,到收缩时释放出的能量把全部的氢都重新变为原子。这个新生的核心比今天的太阳稍大一些,不断向中心跌下的全部外围物质最终都要落到这个核心上,一颗质量和太阳一样的恒星就要形成了。这样恒星内部便开始发生核聚变反应,恒星进入到主序阶段。

45亿年前,太阳就是在经历过这个阶段以后,从原恒星过渡到恒星。在恒星内部的这个核反应熔炉中,物质从氢开始,不断地“演化”下去,这种创造过程目前被认为是我们现在多元素世界唯一的“造物主”。大爆炸理论认为,宇宙诞生初期,宇宙中只充满着最轻的元素——氢与氦。那些参与形成地球、大气和我们身体的较重元素,是后来称作超新星的激变恒星爆发期间在星体内部形成的。这类爆发在星系周围贡献出新形成的物质,不断地以重元素丰富着星系介质。

恒星在主序阶段所经历的时间长短跟它的质量有密切的关系。大质量的恒星燃烧得快,演化得也快。小质量恒星,由于其内部引力较小,核反应没有大质量恒星来得剧烈,所以演化得也较慢,其主序阶段也相对来说长一些。太阳的整个热核反应阶段约是120亿年,而质量大于太阳十倍的恒星,核阶段就要短一千倍。

太阳就是一颗典型的处在主序的小质量恒星。它已经在主序阶段“生活”了45亿年。天文学家的计算结果显示太阳还可以像现在这样再“生活”50亿年,也就是说,太阳的主序阶段长达100亿年。

任何恒星在其主序阶段的末尾,核心的氢都会逐渐消耗殆尽,随后它们便会脱离主序进入到红巨星阶段。在这个新的阶段,恒星的核心由氢聚变的产物——氦组成。氦又是另一不同聚变反应的燃料,反应后形成碳和氧,并继续释放出大量的能量。然而,这种反应需具备更高的核心温度,这个条件直到氢聚变的末尾才会出现。恒星由氢供给燃料过渡到由氦供给燃料的转变时间极短,氢一经耗尽,氦核反应便立即开始。随之,这颗恒星的外貌显著改变。氦聚变比以往的氢核反应产生的能量更多,重力与新热能输出之间的平衡使恒星达到一个新的稳定体积。这时恒星变成了庞大的巨星。虽然它产生的能量比主序阶段要多得多,但这时有了庞大的恒星表面,会把热量辐射出去。这就出现了令人惊奇的事,尽管恒星核反应更加剧烈,但恒星的表面温度凉下来。尽管表面温度相对很低,但红巨星却极为明亮,因为它们的体积巨大。肉眼能看到的最亮的星有许多是红巨星,如参宿四、毕宿五、大角、心宿二等。

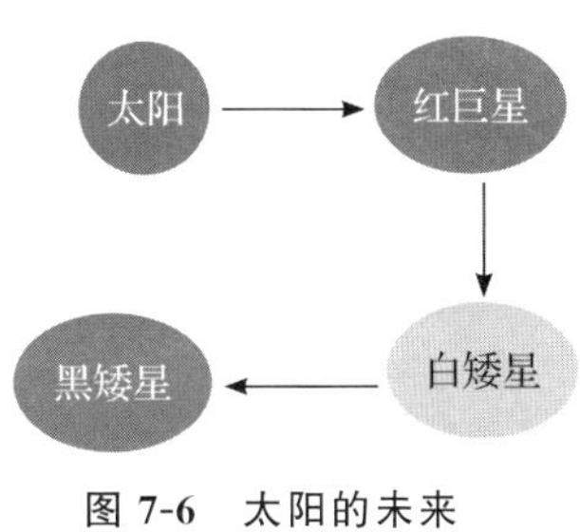

图 7-6　太阳的未来

红巨星氦核聚变的原子产物包括碳、氮和氧。这些元素在氦燃料贮藏耗尽后将会变成新的恒星燃料。实际上这种由轻核聚变为重核的反应在恒星一生的演化过程中相互衔接,相继出现。先由氢聚变为氦,然后再由氦聚变为碳、氮和氧,以此类推产生越来越重的元素。为了克服更重元素对聚合的顽抗,每个后继阶段都需要比前一阶段更高的恒星核心温度。这依次更高的温度使核燃烧过程逐级加速,所以每个后继阶段所存在的时间就越来越短。

当恒星成长为红巨星,热核反应的速率也不可逆转地衰退。对于离开主序的时候质量在 1～8 个太阳质量之间的恒星,由于外壳的重量不足以使它的核受到充分的压缩,所以红巨星的碳-氧核不再发生热核反应。但是核的周围仍然活跃。核外的氢层和氦层会先后燃烧,这样将热核反应一步一步地延伸到外壳。这种不连续反应所产生的能量仅能断断续续地支撑外层的重量,这使得恒星开始脉动。这种状态会持续数千年。在恒星脉动的过程中,它会不断地向其周围喷射物质,直至最后外层物质全部脱落,只剩下一个裸露的碳-氧核。那些被抛出的物质——灰烬,会形成一个行星状星云,而萎缩的残骸则会变成白矮星。白矮星是中等质量恒星演化的终点。其半径跟质量成反比,质量越大,半径就越小。由于没有热核反应来提供能量,白矮星在发出辐射的同时,必然也在迅速地冷却。但是要等它完全冷却下来成为一颗黑矮星要经历数十亿年的时间。

对于那些离开主序的时候大于8个太阳质量的恒星来说，它们的热核反应可以一路顺畅地进行下去。其核心最后形成一个铁核，比铁更重的元素形成需要依靠更加复杂的恒星演化进程。在耗尽能源的最后时刻，引力坍缩便会立即开始。然而此时已不可能出现新的聚变反应来抗拒坍缩以恢复恒星内外压力的平衡。在巨大的压力下，质子和电子被挤压到一起形成中子，同时释放出数以万亿的中微子。坍缩的结果就是恒星的所有质量都集中在一个30千米直径的球体之中！其密度可想而知。恒星的外层物质随着坍缩同样以很高的速度朝向核心运动，它们同固态的中子核发生猛烈的碰撞，这种碰撞使物质达到极高的温度。高温高压的环境使得恒星外层大气中的氢和较轻的气体产生聚合反应。这样便发生了猛烈的聚合爆发，爆发所持续的时间只有短短的1秒钟，这颗超新星在转瞬间其亮度剧变到1000亿颗恒星那样明亮！

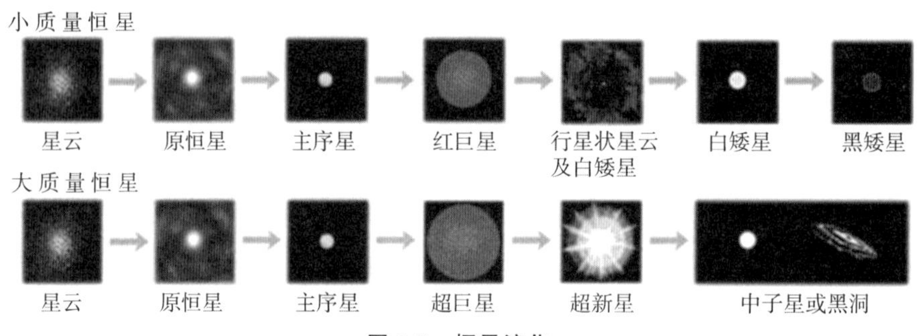

图7-7 恒星演化

相关料材

★主序星

在赫罗图中沿左上方到右下方的对角线主星序上的恒星，称为主序星。它们的亮度、大小和温度间存在着稳定关系(质光关系，即它的光度和质量的3.5次方成正比)。一般温度高的星光度强，随温度减少，光度也减弱，化学组成均匀，核心氢燃烧为氦。大质量星耗费能量比小质量星要快，而且，恒星质量越大，半径也越大，发光本领也越强，表面温度则越高。恒星在主星序上宁静地、稳定地发光，并度过它一生中大部分时间，随后它们离开主星序，就进入晚年阶段。在主序阶段，恒星的体积最小，因此，主序星也称被为“矮星”。

★巨星

赫罗图上体积大、温度低、光度大的一组星叫巨星,恒星演化至此,氢所剩不多且额外的热能使它膨胀时发展成为巨大恒星,它的外层随后成为温度较低的红色层,称红巨星。在赫罗图巨星上方是超巨星。

★白矮星

在赫罗图左下角的一群星,与矮星不同,它已不是正常星了。光度低,表面温度高,是小而白热化的天体。光谱型为A型,称为白矮星。当白矮星停止发光时就变成黑矮星,成为宇宙中的暗物质。

天狼星的伴星是最早发现的白矮星之一。早在19世纪30年代,根据天文观测,天狼星在天球上的视运动路径不是直线,而是呈波浪式的,所以,当时天文学家就断定,天狼星一定有一颗看不见的伴星。但是天狼伴星太暗,而天狼星又太亮,给当时观测造成很大困难,大约过了30年,天文学家才在高倍望远镜里找到了天狼伴星。它的视星等为8.4等,光谱型为A型,绝对星等11.3等,质量是太阳质量的96%(根据求双星质量的方法求出),半径与地球相差不多(根据测算),但平均密度为1.75×10^5 g/cm^3(依质量和大小可求出),是太阳平均密度的125 000倍。

白矮星的特性可描述为:光度很低,多数光度为太阳光度的1/10～1/100,绝对星等级9～14等,半径通常小于1×10^9 cm,同一颗行星的大小差不多。已知的白矮星的质量为0.3～1.2个太阳质量,平均为0.7个太阳质量。大多数白矮星的光谱为A型,谱线主要是氢线,白矮星表面温度相差很大,从5000～50 000 K,平均密度特别大,为$1\times10^5\sim1\times10^9$ g/cm^3,表面重力加速度也特别大,达到$1\times10^4\sim1\times10^8$ cm/s^2。据近年来的观测发现,有些白矮星有很强的磁场,这样的白矮星称为磁白矮星,磁白矮星的磁场强度一般为1×10^5高斯左右。

白矮星的密度大,就使得它的组成物质处于一种特殊状态,这种状态称为退化态或简并态,其特点是:在这种高温、高压、高密的条件下,原子的电子壳层不再存在,电子成为自由电子,组成电子气体。在白矮星内部,由于气体热运动而产生的压力、辐射压力都成为次要的影响力,而电子运动所产生的压力抗衡引力,使白矮星不致塌缩,白矮星已耗尽了核能,没有能量来源,是靠冷却释放的能量而发光。

★中子星和脉冲星

中子星的质量不超过太阳质量的3倍，为普通恒星的质量，但密度很大，体积很小，被强引力束缚，物质被挤压在很小的球体内，半径只有十几千米，磁场强度高达10 000亿高斯以上。中子星磁场强，自转快且自转能转化为辐射能。

白矮星是在天文学家不知道它是什么样的星和它为什么辐射的情况下，凭经验发现的。而中子星的发现过程则完全不同，它与太阳系的海王星发现类似，也是在“笔尖”上先发现，是人类对恒星演化终态认识后提出的。

脉冲星是20世纪60年代发现的一类新异天体，现在普遍认为它是强磁场的快速自转着的中子星。自从1967年英国女天文学家贝尔在她的导师休伊什的指导下发现首例脉冲星至今，人们又探测发现了1000多颗脉冲星。其中绝大多数是射电脉冲星。科学家把射电脉冲星形象地解释为“灯塔”效应，因为它们的辐射束会周期性地扫过，所以地球上可接收到这种极有规律的节奏脉冲信号。这种周期性的脉冲就像人体的脉搏有规律的跳动。脉冲周期有的只有几十分之一秒，甚至更短；长的也只有三四秒。脉冲之名就由此而得。一般符号记为“PSR（也有一些特殊的）”，后面跟着它在天球上的赤道坐标位置。例如：PSR1919＋21，指的是脉冲星位于赤经19^h19^m，赤纬＋21°。

脉冲星刚发现还没有被证实时，人们还以为是外星人发来的讯号，“小绿人”的故事由此引发。天文学家通过继续观察，认为：如果信号果真是“小绿人”发出的，他们应该居住在某个行星上，行星绕它的“太阳”转动，应该引起脉冲星间隔时间的变化。然而天文学家没有观测到这样的变化。到1969年1月底，进一步的观测记录和对以往记录的详细检查使他们确信，另外有3个源也会发出类似的脉冲信号，于是，“小绿人”的假说只好放弃，不成立。因为天上相距如此遥远的4个地方的“小绿人”不可能会约好用同样的频波向地球发信号。随后新的观测事实进一步证实他们是发现了新的天体，就是快速自转的中子星的特例——脉冲星。

脉冲星的发现与研究取决于射电天文技术。有人认为：脉冲星辐射的能量是靠消耗它自身的自转能而来的，随着脉冲星不断地辐射能，它的自转逐渐变慢，这就是脉冲星周期缓慢变长的原因。实际上，脉冲星上的能量转化过程是十分复杂的，自转能首先转变为低频的磁偶极辐射，然后再转化为高能粒子的能量和电磁辐射的能量。目前，关于这种能量转化的机制，人类还不十分清楚。

★黑洞

黑洞是20世纪两大物理理论，即“广义相对论”和“量子力学”联合应用恒星演化终局问题所作出的预言。它是一种特殊的天体，很多观测事实表明它存在的可能性。当时虽未找到它对应的天体名称，但由理论已提出黑洞的特点：一是黑，它无光射到地球上来，因而看不见它；二是它像一个洞，一旦落到它里面，就像掉入无底深渊，再也跑不出来，黑洞具有一个封闭的视界，就是黑洞的边界，外来的物质和辐射可以进到视界以内，而视界内的任何物质都不能跑到外面。

黑洞内部的辐射虽然发射不出来，但黑洞还有质量、电荷、角动量，它还能够对外界施加万有引力作用和电磁作用。物质被黑洞吸积而向黑洞下落时会发出X射线等。

天文学家将黑洞分为巨黑洞、恒星级黑洞和微型黑洞。

恒星级黑洞是恒星演化三种终局（白矮星、中子星、恒星级黑洞）之一，其中白矮星早在19世纪中期就被发现，关于中子星和恒星级黑洞的预言都是20世纪30年代末作出的，中子星的存在已于1967年被证实，而黑洞的观测证认依然是当今天体物理学的一大难题。

目前还无法观测孤独的黑洞。已知唯一寻找恒星级黑洞的途径是由双星提供。如果一个黑洞和一颗普通恒星相互绕转，组成一个双星系统，可由以下两个判据。证认黑洞的第一判据——强的X射线。如果有黑洞存在，恒星的表层物质就可能被黑洞吸积。丰富的吸积物质在下落过程中释放的引力能不断转化为热能，温度会变得越来越高。在靠近黑洞的地方，就会发出强的X射线。证认黑洞的第二判据——质量大于3M⊙。因为双星中的中子星也可以是强X射线源，若能确定探测的对象质量大于3M⊙，就可以证认是恒星级黑洞，理论简单，实测较难。当然黑洞的基本特征应当是视界，而中子星是一个有固体表面的球体。据近期报道，天鹅座X-1、大麦哲伦云X-3、A0620-00很可能是黑洞。天文学家对星系核中的巨黑洞证认工作也在进行，但由于对星系核的观测又比双星更加困难，对这类黑洞的证认基本还处于间接论证的水平。

有人根据物质世界的对称性，由理论引申出“白洞”概念，认为白洞也有一个视界，与黑洞相反，所有物质和能量都不能进入视界，而只能从视界内部逃逸出来，白洞是宇宙中的喷射源。大爆炸宇宙论描述了我们现在所观测到的宇宙中的所有行星、恒星、星系，甚至原子核和夸克，都是源于 137 亿年前的一个物质的奇点（在广义相对论中，奇点是时空的一个区域，是著名科学家霍金提出来的）。这个奇点就很符合白洞所描述的概念，但该理论目前还不成熟。

★霍金论量子黑洞

黑洞的量子理论似乎导致了物理学中的一个新的不可预测性层次，它超出了与量子力学有关的通常的不确定性。这是因为黑洞看来具有内在熵，并使信息从我们所在的宇宙区域中失去。我应当指出，这些说法是存在争议的：许多研究量子引力的人（包括从离子物理学进入这一领域的几乎所有人）都本能地反对关于一个系统的量子状态的信息可能丢失的概念。但是，他们证明信息能够从黑洞中取出的努力并没有取得成功。最终我相信，他们将不得不接受我的看法，即信息丢失了。正如他们不得不承认黑洞发出辐射这一看法一样（此观点同他们的所有先入之见相矛盾）。引力是一种吸引性的力，这意味着它倾向于使宇宙中的物质聚拢来形成诸如恒星和星系的天体.这些天体可以为此一段时间而不发生进一步的收缩——对于恒星来说是靠热压力，对于星系来说则是靠旋转和内部运动来防止进一步的收缩。但是，这一热量或角动量最终将逐渐丧失，于是天体将开始收缩。如果天体质量小于一个半太阳质量，则收缩可因电子或中子的间并压力而停下来。此时天体将分别变成白矮星或中子星。但是，如果天体质量大于这一极限，则没有任何力量能够阻止它继续收缩辖区。一旦它收缩到某一临界尺寸以后，其表面上的引力场将变得非常强，以至于光锥向内弯曲……你可以看到，甚至向外的光最彼此相向地弯曲，这样就成了会聚而不是发散。这意味着存在一个闭合的捕获表面……

因此，必定存在一时空区域，从该区域不可能逸出到无穷。这一区域称为黑洞，它的边界称为事界，则是一个由那些刚好不能逸出到无穷的光线形成的零表面。当一个天体坍缩而成黑洞时，大量的信息就丢失了。描述坍缩天体的参数是非常之多的，有物质的类型和质量分布的多极矩等。但是所形成的黑洞完全与物质的类型无关，而且很快就失去了除开头两种多极矩以外，其他所有的多极矩（即单极矩与偶极矩，前者是质量，后者是角动量）。

在经典理论中,这一信息丧失不是至关重要的。人们可以说,关于坍缩天体的所有信息仍然还在那黑洞内部。黑洞外面的观察者很难确定坍缩天体是什么样子。但是,在经典理论中,原则上仍是能够确定的。观察者永远不会真正看不见坍缩的天体。相反,坍缩天体在接近事界时将会显得越来越慢,变得非常暗淡。但是观察者仍然能够看见它的构成以及质量分布的情况。然而,量子理论改变了所有这一切。首先,坍缩天体穿越事界前将只发射出有限数目的光子,这些光根本不足以携带有关坍缩天体的所有信息。这就意味着,在量子理论中,外面的观察者没有任何办法可以测量坍缩天体的状态。人们可能觉得这一点无关紧要,因为信息仍将存在于黑洞的内部,即使无法从外面测量它,但是,量子力学对黑洞第二种影响在此将发挥作用……

量子理论使黑洞发出辐射并损失质量。最终它们似乎完全小时,带走了它们内部存储的信息。我将论证这一信息的确是丢失了,不会以某种形式恢复。我将要证明,这一信息丧失把一个新的不可预测性的层次引入到物理学中,它超出了与量子力学有关的通常的不确定性。遗憾的是,与海森堡的不确定性原理不同,对于黑洞,这一额外的层次将很难用实验加以验证。

第八章
观测四季星空

一、天空分区

1. 星座

在晴朗无月的夜晚，我们仰望天空，斗转星移，繁星闪烁，给人无限的遐想。除了几颗行星之外，其他星的相对位置几乎是不变的，古人称恒星。其实恒星不恒，只是它们距离太遥远了，我们肉眼无法分辨。为了辨认这些密布的群星，人们用想象的线条将星星连接起来，并构成各种各样的图形，或把某一块星空划分成几个区域，取上名字。这样一来，可以对它们进行讲述和记录，认识星星就容易多了。这些图形连同它们所在的天空区域，就叫作星座。在西方，大约起源于公元前 3000 年，到公元 2 世纪，北天星座的雏形已由古希腊天文学家大体确定了下来，并以许多神话、传说给这些星座命名。1922 年，国际天文学会把星座的名称作了统一的界定，规定全天有 88 个星座，星座里的恒星用希腊字母和数字标出。

2. 星座的分布

将 88 个星座按北天 29 个、黄道 12 个、南天 47 个的顺序列出。

北天星座：小熊、天龙、仙王、仙后、鹿豹、大熊、猎犬、牧夫、北冕、武仙、天琴、天鹅、蝎虎、仙女、英仙、御夫、天猫、小狮、后发、巨蛇、盾牌、天鹰、天箭、狐狸、海豚、小马、三角、飞马、蛇夫。

黄道带星座：双鱼、白羊、金牛、双子、巨蟹、狮子、室女、天秤、天蝎、人马、摩羯、宝瓶。

南天星座：鲸鱼、波江、猎户、麒麟、小犬、长蛇、六分仪、巨爵、乌鸦、豺狼、南冕、显微镜、天坛、望远镜、印第安、天燕、凤凰、时钟、绘架、船帆、南冕、圆规、南三角、孔雀、南鱼、玉夫、天炉、雕具、天兔、天鸽、大犬、船尾、罗盘、唧筒、半人

图 8-1 北天星图

马、矩尺、杜鹃、网罟、剑鱼、飞鱼、船底、苍蝇、南极、水蛇、山案、蝘蜓、天鹤。

二、牢记分区星图

1. 分区星图

初学者普遍感到困惑的是，面对茫茫星海，一筹莫展，分不清这星或是那星。为此，我们将星空化整为零，化繁为简，具体做法是：

(1)划分星区：按一年分为四季的传统，把球形天空(天球)按赤经分成四个枣核形的星区。每一星区北起北天极，南至南天极，各跨赤经 6^h(90°)；每区的中央赤经线分别是 0^h、6^h、12^h 和 18^h 的时圈，即春分圈、夏至圈、秋分圈和冬至圈。每个星区各以其主要的拱极星座命名，由西向东依次为仙后星区、御夫星区、大熊星区和天琴星区，简称为后、御、熊、琴。

(2)删减星座：全天共有 88 个星座，平均每一星区占有 22 个星座。经过删减，只选其中的 20 个，平均每一星区只选 5 个星座。

(3)简化被选定的星座：全天肉眼可见的恒星约有 6000 颗，平均每一星座拥有 68 颗。我们只选其中比较明亮的十分之一，平均每一星座只含 6 颗，全部共约 120 颗恒星，包括赤纬−45°以北全部 15 颗一等星，大多数二等星和部分三、四等星。

经过这番分区和简化以后，全天星座可用四瓣简明星图(图 8-2)表示。

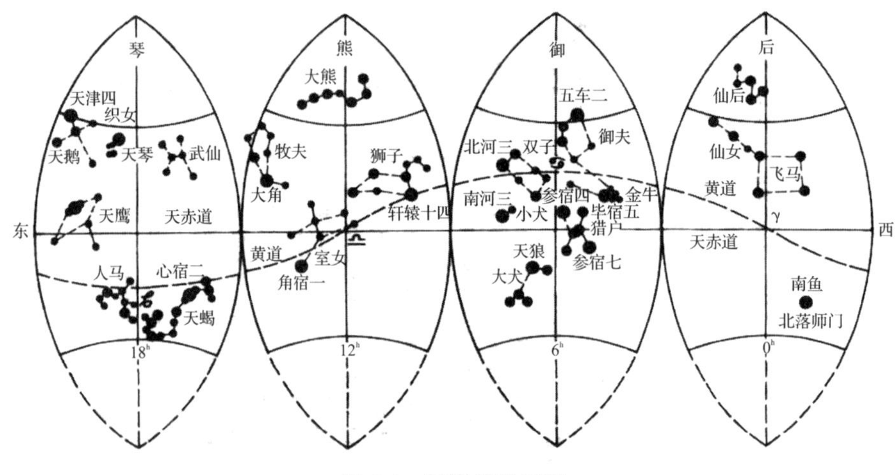

图 8-2　四瓣简明星图

后、御、熊、琴四大星区，分别拥有 1、7、3、4 颗一等星。如果只列一等星，那么，全天亮星(北半球中低纬度所见)可用四瓣简明星图(图 8-3)表示。

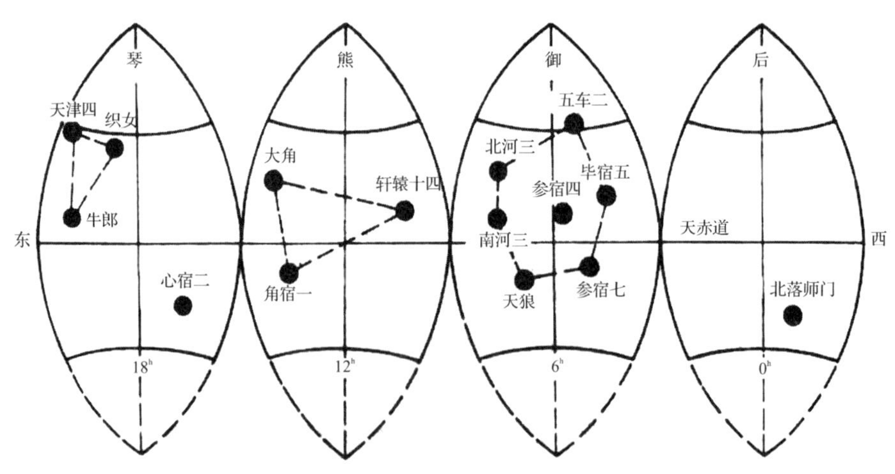

图 8-3　四星区的主要亮星

这样的星图，简洁清晰，便于初学者看清星座分布大势而不涉及细枝末节。同学们完全不必嫌星图中的星数太少。你若能熟悉上列星座和亮星的分布，叫得出它们的名字，你将会感到，天空中不乏你的相识者，可以说是“朋友遍天上”了。这是因为,这些星座和亮星,代表星座分布的大势,认识了它们,人们就不难识别星座并寻找更多的星。

2. 主要星区介绍

(1)大熊星区

大熊座:北天最著名星座,七颗亮星排成熨斗状,故称北斗。可用它的两颗指北极星来找北极星。

牧夫座:形如风筝,也像一条倒挂的领带。主星 α(大角)是北天头等亮星,正处于北斗星座柄的自然延伸线上。

狮子座:黄道著名星座,形如雄狮,由头部的镰刀和尾部的三角形组成。主星 α(轩辕十四)是一等星,位于镰刀柄端,贴在黄道上。

室女座:黄道星座,呈不规则的土字形,主星 α(角宿一)是一等星。南北两角同轩辕十四构成一个巨大的直角三角形。

(2)御夫星区

御夫座:明显的五边形,我国古代称“五车”,主星 α(五车二)是北天主要亮星。

金牛座:著名黄道星座,有一簇呈 V 字形的星群(毕星团)。主星 α(毕宿五)位于 V 字一端,是红色亮星。V 字西北有昴星团,俗称“七姊妹”。

猎户座:全天最壮丽的星座,横跨天赤道,世界各地都能见到。它由两颗一等星和五颗二等星组成。有“参宿七星明烛宵,两肩两足三为腰”之说。中部三颗合称参宿三星,位于天赤道上。参宿三星东南有人眼可见的亮星云猎户大星云,距离地球 1500 光年。

大犬座:主星 α(天狼)是全天最明亮的恒星。

小犬座:星数很少,主星 α(南河三)是著名的一等星,它同参宿四和天狼星构成一个等边三角形。

双子座:黄道星座,成两行排列,主星有 α(北河二)和 β(北河三),后者是一等星。

(3)仙后星区

仙后座:形似字母 W,利用它可找到北极星。

仙女座:三颗亮星排列成一条直线。

飞马座:呈一大四边形,四边形的东边向北延伸,直指北极星。

南鱼座:南鱼座 α 是本区唯一的一颗一等星,沿飞马座四边形的西边向南延伸,即可找到,它的位置偏南,离地平较低,附近星稀,西方有“海角孤星”

之称。

(4)天琴星区

天琴座:范围很小,主星α(织女)是北天头等亮星。织女由4颗暗星组成一个菱形,是传说中织女用以织补的梭子。

天鹰座:近天赤道和银河,主星α(牛郎)中名河鼓二,它与西侧的两颗暗星组成牛郎三星,民间俗称扁担星,与织女星隔河相望。

天鹅座:呈一明显的十字形。整个星座位于银河中。主星α(天津四)是一等星。我国古代称此星座为天津(意为渡船)。

天蝎座:著名黄道星座,形如张开两螯的蝎子。主星α(心宿二)是红色亮星,古称"大火"。心宿二与两侧的两个暗星合称"心宿三星"。

人马座:位于银河最明亮的部分,是银河中心方向所在。东部六星组成"南斗"。

三、星空的变化

任何时候,天球的一半显露在地平之上;另一半隐没在地平之下,因而是不可见的。可见星座的分布状况称为星空。

我们熟悉了星座的分布大势,还需要掌握星空的变化规律。预先知道当时能看到哪些星座,然后在茫茫众星中辨认出所要找的恒星。这是读星图和认星空的区别所在。

星空变化涉及地球的两种运动:一是地球绕轴自转,造成星空的周日变化;二是地球绕太阳公转,造成星空的周年变化。星空的周日变化是指在同一日期,星空因钟点而不同;星空的周年变化是指在同一钟点,星空因季节而不同。这里着重要说后者。

星空的季节变化的直接原因是太阳的周年运动(向东),它延缓了太阳随天穹周日旋转(向西)的速度。设想太阳今日与某恒星同时中天,那么,到了明天,由于太阳在黄道上东移了1°,就要比该恒星推迟4分钟中天。或者说,恒星中天时刻逐晚提早4分钟;对同一观测时刻(钟点)来说,逐日偏西1°。这就是说,恒星不同于太阳,它日转一周,还年加一圈。这就造成了星空的季节变化。

为了全面说明星空的季节变化,我们特别要说明,四大星区在同太阳的关系上,不同季节处于不同的地位。具体地说,太阳大体上于春夏秋冬四季,分别经过后、御、熊、琴四大星区。太阳到达的那个星区,在周日视运动中"偕日

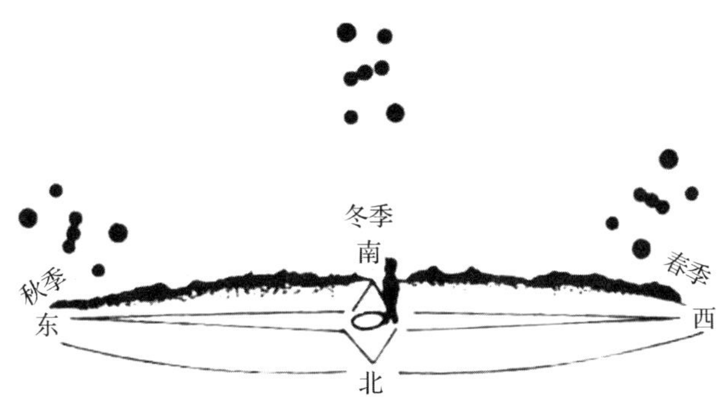

图 8-4　星空的季节变化

升落”，成为该季不可见星区。反之，与太阳相对（黄经 180°）的那个星区，随太阳此起彼落，是彻夜可见星区。同理，太阳的东邻星区，迟太阳西落，前半夜见于西天；太阳西邻星区，先太阳东升，后半夜见于东天。

如以春分、夏至、秋分和冬至四日为春夏秋冬四季的代表日期，那么，上述四类星区的变化情况，可以见表 8-1。

表 8-1　四类星区四季的变化情况

星区	春夏秋冬	出没时间	夜晚所见
太阳所在星区	后御熊琴	偕日升落	不可见
太阳东邻星区	御熊琴后	迟太阳后落	前半夜西天
太阳所对星区	熊琴后御	此起彼落	彻夜可见
太阳西邻星区	琴后御熊	先太阳早升	后半夜东天

人们观测星空，通常总在前半夜。如以晚上 21 时为观测时刻，那么，当时正在东升和西落的星区，分别是太阳所对的星区和东邻星区。如以西落星区为当时星空的代表，那么前半夜星空季节变化的规律，可以简单地归结为春御——夏熊——秋琴——冬后。

这就是说，春分、夏至、秋分和冬至晚上 21 时的西落星区，分别是御夫、大熊、天琴和仙后星区。这些情况通常称为四季星空。

表 8-1 同时也表示星空在不同季节的周日变化：出现在天空正南方（中天）的星区，正午为太阳所在星区，黄昏为东邻星区，半夜则为太阳所对星区，清晨为其西邻星区。如以每年春分日为例，其中天的星区：正午为仙后星区，黄昏为御夫星区，半夜为大熊星区，清晨为天琴天区。夏至、秋分和冬至可依

此类推。

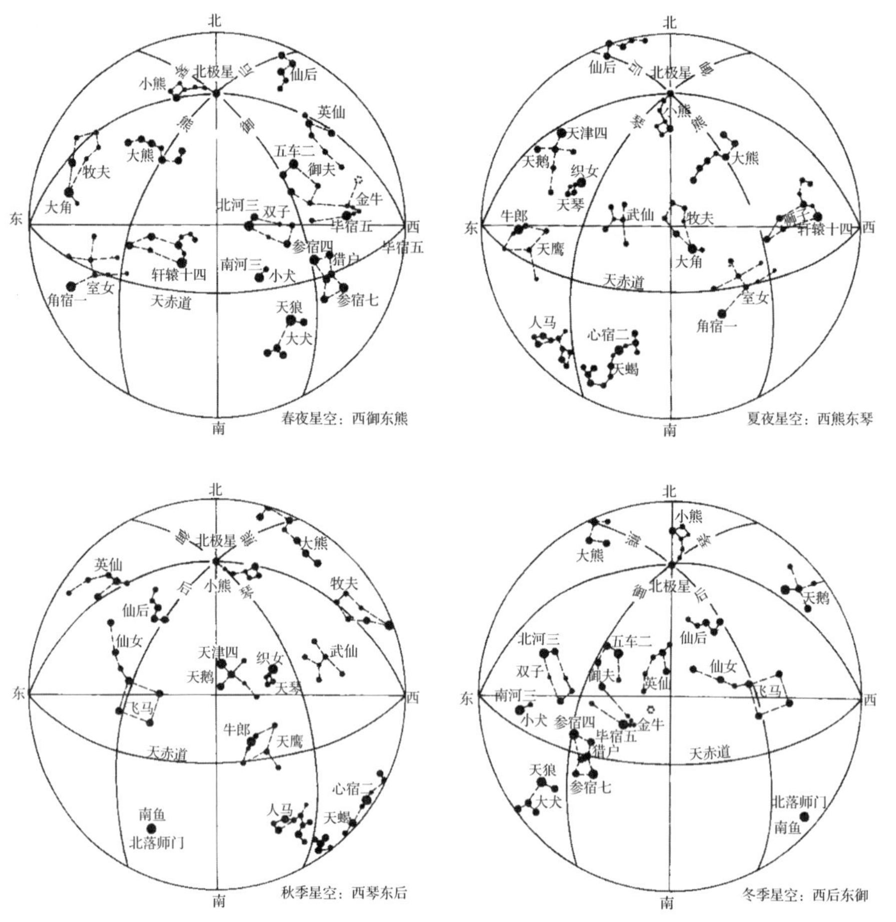

图 8-5　四季星图

斗转星移是指星空既有每日一周天的运动，又有每年一周天的变化。每个季节都有特定的星空变化。每个星区或星座，总是在特定的季节和时刻，出现在天空的特定位置。夜幕降临，若在东方天空瞥见狮子座，就像见到第一只春燕那样亲切！了解星空的变化规律，更能领略星空的无穷妙趣。

四、星空的推算

以上所说的是二分二至晚上 21 点的星空状况。但更重要的是，求知任何日期和时刻的星空状况。这就是星空推算问题。

我们知道，昼夜以 24 小时交替（这个周期叫太阳日）；星空则以 23 小时 56

分轮转(这是地球自转的真正周期,叫恒星日)。两者每日有4分之差。

钟表的设计,基本上是模拟太阳的周日视运动:钟面表示天空,时针代替太阳,两者都以同一方向和周期轮转。所不同的是,太阳在天空中日行一周,而时针在钟面上每天扫过两圈(那是为了提高读数的准确性)。因此,钟面时刻总是同太阳在天空中的位置相对应。例如,正午时分,太阳中天;早晨八、九点钟,太阳升起东南方天空……人们不用看天,只要看一下钟点,便知此刻太阳在天之何方!

图8-6 星空的周日视运动

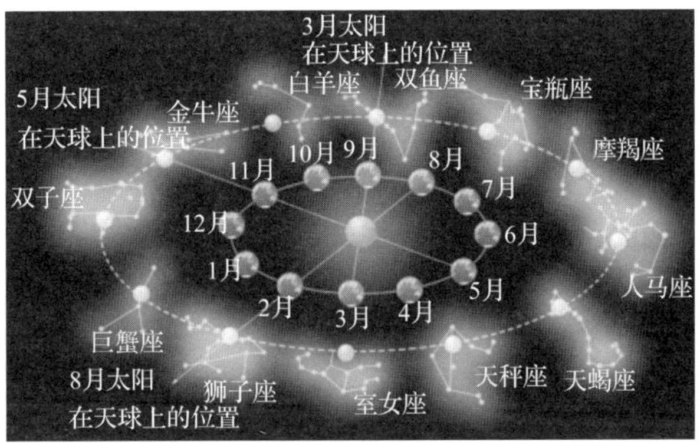

图8-7 星空的周年运动(黄道十二宫)

根据这个简单的道理,要知道当时所见的是哪部分星空,只需把太阳钟(钟表时刻)改为恒星时即可。恒星钟按恒星(天球)的周日视运动走时。按天文学术语,恒星时即春分点时角。春分点是仙后星区的中心,根据恒星时的终点,便知仙后星区所在,那么,按自西向东,不难推知御夫、大熊和天琴等星区的位置。例如,当恒星时为0点(春分点上中天),仙后星区在天空南方,正在东升的是御夫星区,将要西落的是天琴星区,大熊星区正下中天……

恒星时为识星提供的方便,还不止于此。我们知道,恒星时以春分点时角表示,而春分点时角=上点赤经,即上中天恒星的赤经。这就是说,恒星时的钟点,直接为我们指示中天的恒星(或星区)。

剩下的问题是,如何求得恒星时?这也不难。它可以根据钟表时刻(太阳时)进行推算。

我们知道,恒星时与太阳时有如下两方面的差异:

(1)恒星时以春分点上中天为零时,而太阳时却以太阳下中天(半夜)为零点(这是为了使白天完整地归属于同一日期)。换言之,恒星时的时刻即春分点的时角;而太阳时的时刻则为太阳时角$+12^h$。因此,两种时计零点重合的日期，便由春分(3月21日)延至秋分(9月23日)。每年秋分日，太阳到达黄道上的秋分点：当春分点上中天时刻(恒星时零点)，正值太阳下中天(太阳时零时)。于是，请记住：每年秋分日，恒星时＝太阳时。

(2)由于太阳的周年运动(向东)，太阳赤经逐日递增约1°，中天时刻比春分点逐日推迟约4分钟。因此，恒星日比太阳时逐日加快4分钟。

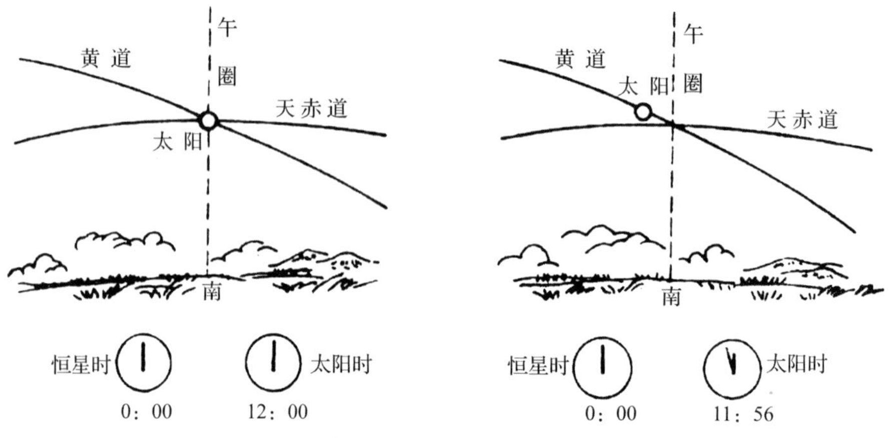

图8-8　恒星时比太阳时逐日加快4分钟

[左]3月21日正午，太阳与春分点同时中天，校准钟表，恒星时为0:00，太阳时为12:00。
[右]一日后，地球自转一周，春分点中天，恒星时为0:00；但太阳已沿黄道东移约1°，这时的太阳时为上午11:56，比恒星时放慢了4分钟。

根据以上两条，我们得到一个求恒星时的简单规则，即：自秋分次日起，逐日把钟表拨快4分，便可得到任何日期和时刻的恒星时，从而得知当时的可见星区。

这一简单规则是化太阳时为恒星时的文字表达式。即：

恒星时＝太阳时＋太阳赤经－12时

式中的“＋太阳赤经”，就是“逐日加快4分钟”；“－12时”则是本该“自春分次日起”改为“自秋分次日起”。

人们一旦掌握了这个规律，就会觉得，天空的众星列宿，“运行有常”，秩序井然。

综上所述，我们探求星空变化规律的基本思路是根据钟表和当天日期推知恒星时，从而得知当时的中天恒星，即：

钟表时刻→恒星时→中天恒星

反过来推也是可行的：若知中天恒星和它的赤经，即知当时的恒星时，再由恒星时推知当时的钟表时刻(这次按上溯至秋分每日减慢 4 分钟)。这就成了一种测时的手段。这种由观测星空以推定时刻的机制，被称为“星钟”。归根到底，天文学上就是按天体时角的变化来度量时间的。转动星图(一种简易的识星工具)倒过来使用，就成了一种测时工具。

[例 1]求 6 月 22 日晚上 9 时的可见星区。若观测日期改在 4 月 22 日，问：同样的星空状况在什么时刻出现？

答：6 月 22 日夏至，距上年秋分 9 个月，是日的恒星时比钟表时刻超前 18 时，$21^h+18^h=39$ 时 $=39^h-24^h=15^h$；或者说，它距当年秋分 3 个月，恒星时比太阳时迟 6 时，$21^h-6^h=15^h$。此刻午圈(或恒星中天)的赤经为 15^h，可知西部天空为大熊星区，东部为天琴星区。

又：4 月 22 日在夏至前 2 个月，是日的恒星日比夏至日迟 4 小时，同样的星空状况出现在 $21^h+4^h=25^h$，即凌晨 1 时。

[例 2]全天最明亮的恒星——天狼星($\alpha=6^h44^m$)，当它出现在半夜中天时，是什么日期？

答：新年之初。

[例 3]秋分后一个月，当天津四($\alpha=21^h$)中天时，是几点钟？

答：19 时。

[例 4]已知北落师门(南鱼座 α)的赤经为 22^h56^m，问：在 10 月 1 日晚上 10 时半，它位于天空何方？

答：近正南方。

五、四季星空图

1. 春夜星空图

春夜的星空是迷人的，银河从南出发，蜿蜒流向北方，中部略向西弯。银河以西的几个冬夜星空的著名星座——金牛、猎户、大犬星座由于接近西方地平面变得难以观测了。处于银河之中的仙后、英仙、御夫星座则不易见到。

在天顶以北，大熊座正在子午圈上，北斗七星当空高悬，几乎靠近天顶，斗柄指向东方。沿着勺的两颗星向北约五倍远可以找到北极星，它是小熊座 α 星，中名勾陈一。沿着斗柄连成的曲线延长出去，可以找到大角星，它是牧夫座的最亮的 α 星，在东方半空中闪耀着橙色的光辉。把斗柄的曲线从大角星再延长一倍，可以找到另一颗一等星角宿一，它是室女座 α 星。这条始于斗柄，止于角宿一的大弧线，称为春季大曲线。牧夫座的东边还有一个半圆形的北冕座。

向南看去，雄伟的狮子座正在天空中，它是春夜星空的中心，头部像反写的问号，尾部像三角形，头西尾东，很像一只狮子。它的最亮 α 星叫轩辕十四，位于黄道上，月亮和行星经常运行到它的附近。狮子座的南面是横跨天空的长蛇座，头西尾东，已全部展现在天空中。在长蛇座的尾部，角宿一的西南方，有小而易见的乌鸦座，多亮星。

狮子座的西南是巨蟹座，是黄道十二星座之一，其中还有一个肉眼可见的"蜂巢星团"，也叫"鬼星团"（即 M44），很著名。巨蟹座往西是黄道星座之一的双子座，几颗较亮的星组成长方形，最亮的两颗星是北河三（β）和北河二（α）。

天空的东边天际，夏夜星空的一些主要星座已经露头了。在东北方天空有天琴座、武仙座，在东南方天空的是黄道十二星座之一的天秤星座。

春季观星的对应时刻为 4 月 5 日 23 时，4 月 20 日 22 时，5 月 5 日 9 时，5 月 20 日 9 时。

2. 夏夜星空图

夏夜的星空，银河横贯南北，气势磅礴，最引人注目的是银河一带的几个星座，织女星和牛郎星在银河两"岸"放射光芒，织女星是天琴座 α 星，牛郎星也叫河鼓二，是天鹰座 α 星。在它们附近的银河中，有一个大而明显的天鹅座 α 星，中名叫天津四，它和牛郎星、织女星构成夏季大三角形。织女星的西邻是武仙座。武仙座 η 星和 ξ 星之间有一个肉眼可见的球状星团（M13）。武仙座的西边有 7 颗小星围成半圆形，它是美丽的北冕座，再往西就是牧夫座，牧夫座中的亮星 α（大角）在高空中闪烁着橙色的光芒。

北天，大熊星座中的北斗七星正在西北方向的半空中，斗柄指南。用北斗二（β）和北斗一（α）两星的连线延长就可以找到北极星。四季星空出现的所有星座都年复一年地围绕着它转。小熊座的南面，是蜿蜒曲折的天龙座，它正在子午圈上。天龙座的头部由 β、ζ、μ、γ 四星组成，是一个小四方形，它的附近有明亮的织女星。

在南天正中是夏夜星空中的巨大而引人注目的天蝎座，也是夏季的代表星座。这个星座由十几颗亮星组成了一个头朝西、尾朝东的蝎子形。最亮的一等星心宿二（α），中名也叫大火，有火红的颜色。心宿二也靠近黄道。天蝎座 α、σ、τ 三星和天鹰座 α、β、γ 三星（我国民间叫扁担星）在银河中遥遥相对。天蝎座的西边是天秤座，东边有著名的人马座，它们都是黄道星座。人马座位于银河最明亮的部分，它的 μ、λ、φ、σ、τ、ζ 六颗星叫南斗六星，与西北天空的北斗七星遥遥相对。人马座部分的银河最为宽阔和明亮，因为这是银河系中心的方向。人马座、天蝎座北面有面积广大的球状星团（W 星团），在我国南方地区容易看到。

夏夜星空的西方，狮子、乌鸦等星座将要下沉。东方天际又迎来了秋季星空的仙女、飞马等主要星座。

夏季观星的对应时刻 7 月 5 日 23 时，7 月 20 日 22 时，8 月 5 日 21 时，8 月 20 日 20 时。

3. 秋夜星空图

飞马当空，银河斜挂，这是秋夜星空的象征，北斗的斗柄指西，但接近北方的地平线，不易见到。在东北地平线上的亮星是御夫座的五车二（α），顺着银河往上就是英仙、仙后和仙王等星座。用仙后座 ε、δ、γ 三亮星夹角的平分线延伸也可以找到北极星。英仙座 β 星，中名大陵五，是一颗著名的食变星。仙王座 δ 星，中名造父一，是一颗著名的造父变星。西边天空中的牧夫、蛇夫等星座正在西沉。人马座在西南低空中正在和我们告别。那些夏夜明亮的星座，只有天琴、天鹰、天鹅等星座仍然闪耀在高空中。天鹰附近有两个小星座，靠东的是海豚座，靠西是天箭座。

秋夜星空中最引人注意的是出现在高空的飞马座，它的大四边形由 α、β、γ 和仙女座的 α 星组成著名的秋季四边形，是显而易见的。飞马 β 和 α 的连线向北延长，直指北极星，向南延长指向南鱼座的亮星北落师门（α）。南鱼座北面的摩羯、宝瓶座，均缺少亮星，不易辨认。用天鹰座的 γ、α、β 三星的连线往南延长，即可找到摩羯座的 α、β 星，宝瓶座的东北有双鱼和白羊座，它们都是黄道星座。双鱼座的南面是鲸鱼座，它的 o 星，中名刍蒿增二，是一颗有名的变星。和飞马座的大四边形紧密相连的是仙女座，在仙女座 β 星的北面有一个肉眼能见的河外星系（M31），也叫仙女座大星云。

再回顾东方地平，昴星团已经出现了，它将越升越高，在它后面升起来的将是冬夜星空中的灿烂星群。

秋季观星的对应时刻为 10 月 5 日 23 时，10 月 20 日 22 时，11 月 5 日 21 时，11 月 20 日 20 时。

4. 冬夜星空图

冬夜的星空是壮丽的！全天最著名的猎户座是冬夜星空的中心，它的周围有许多明亮的星座和它组成了一幅光彩夺目的星空形象。

冬夜银河的位置与秋夜的正好相反，由东南向西北斜挂天穹，著名的大犬、猎户、双子、金牛、御夫、英仙、仙后星座均由东南向西北依次排列在银河的周围。

位于北方的北斗七星正在升起，斗柄朝下，指向北方，正是“斗柄北指，天下皆冬”。隔着北极星和北斗相对的是仙王座、仙后座。西北地平线上，天鹅座的大部分看不见了，只有天津四在低空中微露光芒。御夫座的一等星五车二(α)，靠近天顶，在高空中放射着明亮的光辉。御夫座的η、α、β、θ和金牛座β星组成一个大五边形，在银河中明显可见，飞马座的大四边形也渐渐转向西方低空，向南看去，壮丽的猎户座正是冬夜的中心。它由α、γ、β，κ四星组成一个长方形，被想象成一个勇敢的猎人，λ星为头，α、γ为肩，κ、β为两脚，中间有排列整齐的δ、ε、ζ三颗星，好像猎人的腰带，我国民间把这三颗星叫作三星。在三星下方不远处，有一个肉眼可见的气体星云，就是著名的猎户座大星云。把三星连线向右上方延长，指向金牛座，这个星座中有一颗一等星叫毕宿五(α)，和附近小星组成一个V形，叫毕星团；再往上有一簇明亮的小星叫昴星团，也叫七姐妹星团，现在肉眼只能看到六颗星。金牛的东边是双子座，最亮的两颗星是北河三(β)和北河二(α)，它们都属黄道上的星座和亮星。双子座的下方是小犬座，最亮的星叫南河三(α)。从三星连线向下方延长，那里有一颗全天最亮的天狼星(大犬座α星)闪耀着灿烂夺目的光辉。南河三、参宿四和天狼星构成冬季大三角。

冬季观星对应时刻为1月5日23时，1月20日22时，2月5日21时，2月20日20时。

六、中国古代星官体系（三垣二十八宿）

中国古代的星空区划历史悠久，在方法上也自成一体，早在殷周之际就有了将赤道附近的恒星划分为二十八宿的方法。春秋战国时期还有较为详细的对亮星的分群和命名，但当时列国割据，各成一体。到西汉时，才趋向统一，并形成较完整的系统。《史记·天官书》就反映了当时的区划情况。中国古代划分星空的基本单位“星官”，也就是把相邻的恒星组合在一起，构成各种图案，并分别取一个名字，称为星官。若干小星官又可合成大星官。后来，星官不仅指星群，同时也指天区。主要的大星官就是三垣和二十八宿，在唐代《步天歌》中，三垣和二十八宿发展成为中国古代的星空区划体系。三垣指北天极附近的三个较大的天区：紫微垣、太微垣和天市垣。紫微垣包括天北极周围天区，大体相当于拱极星座；太微垣包括紫微垣与二十八宿之间的狮子座、后发座、室女座、猎犬座等天区；天市垣包括相应的蛇夫座、巨蛇座、天鹰座、武仙座、北冕座等天区。二十八宿主要位于黄道区域，之间跨度大小不均，且分为四大星区，称为四象。

1. 三垣

三垣是北天极及周围三个较大的天空区域，即紫微垣、太微垣和天市垣。每垣内含若干星官，都有东、西两藩的星，左右环列，其形如墙垣，故称之为“垣”。唐代《开元星经》辑录的《石氏星经》中就有紫微垣和天市垣，说明这两垣在春秋战国时就有了。而太微垣之名则出现较晚，《史记》中虽有此相当的星官，但未命名“太微垣”，直到隋唐才正式有“太微垣”之名。

紫微垣是三垣的中垣，位居北天中央，故又称中宫或紫微宫。紫微宫即皇宫的意思，我国古代天文学家把它看作天上的皇宫。各星多数以帝族和朝官的名称命名。除天帝、天帝内座、太子等居中外，其余以天北极为中枢，东、西两藩共有主要亮星十五颗，状如两弓相合，环抱成垣。东藩八星由南起，称左枢、上宰、少宰、上弼、少弼、上卫、少卫、少丞；西藩七星由南起，名右枢、少尉、上辅、少辅、上卫、少卫、上丞。但这些名称常因各朝代官制不同而改变。紫微垣所占天区相当于拱极星区，大致包括现今的小熊、大熊、天龙、猎犬、牧夫、武仙、仙王、仙后、英仙、鹿豹等星座。

太微垣是三垣的上垣，位居于紫微垣之下的东北方。太微即政府的意思，星名亦多用官名命名。它以五帝座（五帝即“三皇五帝”中的五帝）为中枢，东藩四星由南起为：东上相、东次相、东次将、东上将。西藩四星由南起为：西上将、西次将、西次相、西上相。南藩二星东为左执法，西为右执法。太微垣所占天区包括室女、后发、狮子等星座的一部分。中、上两垣俨然是一个天上的小朝廷，将、相、宰、辅、尉、丞、执法等文武官职无所不有。

天市垣是三垣的下垣，位居紫微垣之下的东南方向。天市即天上的集贸市场，星名多用货物、量具、市场等命名，地名也用得特别多：东有宋、南海、燕、东海、徐、吴越、齐、中山、九河、赵、魏；西有韩、楚、梁、巴、蜀、秦、周、郑、齐、河间、河中，简直就像一幅天上的地图。天市垣相对更接近夏秋的银河区域，包括武仙、巨蛇、蛇大等星座的一部分。

2. 四象二十八宿

二十八宿是中国古代星空区划体系的主要组成部分，最初它是古人为了比较日、月、五星的运动，在黄道和天赤道之间选择的二十八个星官，作为观测的标志。后来，以二十八个星官为基础，又将黄道附近的星空划分为二十八个区域，也称二十八宿。“宿”有停留的意思，特别是月球，它绕地球公转的恒星周期是27.321 85日，因此它大致每天停留一宿。1978年，在湖北省隋县擂鼓墩发掘的战国早期的曾侯乙墓中，有一个涂了漆的箱盖，上面就绘有二十八宿。这说明战国早期就已有二十八宿的名称了。后来，我国古人又将二十八宿分作四组，每组七宿，分别与四个地平方位、四种颜色和四种动物相匹配，称为四象或四陆(图8-10)。以春分前后的黄昏为准，四象二十八宿如下：

图8-9 曾侯乙墓 星宿漆箱

东方青龙，青色：角、亢、氐(Dī)、房、心、尾、箕(Jī)；

北方玄武，黑色：斗、牛、女、虚、危、室、壁；

西方白虎，白色：奎、娄、胃(Zhòu)、昴、毕、觜(Zī)、参(Shēn)；

南方朱雀，红色：井、鬼、柳、星、张、翼、轸。

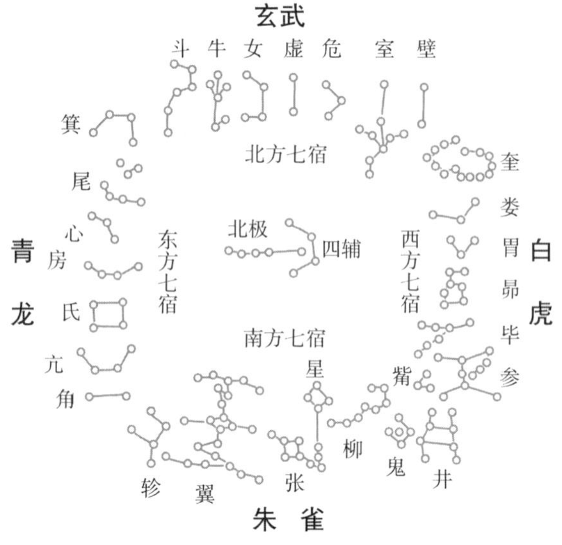

图8-10 二十八宿

每一宿各由不同数目的恒星组成。有的星宿包含十几颗至几十颗星，如奎宿和翼宿；有的宿只由两三颗星组成，如角宿、心宿。古代中国人民把构成每一宿的星用假想线连接起来，就构成了各种形状不同的图形。

二十八宿中，箕宿由四颗星构成，像畚箕形；斗宿由六颗星构成，像古代舀酒的器具斗；井宿由八颗星构成，像水井的形状……较为著名的有昴宿，位于金牛座，又称为七姐妹。以前的水手，常借由数这区域内的星星数目来测量视力。还有参宿，其实就是猎户座；而心宿，又称为商宿，是天蝎座。杜甫名句"人生不相见，动如参与商"指的就是这个星宿。由于猎户座参宿属于冬季星座而天蝎座心宿属于夏季星座，所以这两个星宿无法同时出现在天空。

古时，追求秩序的古人们不仅将天空规划得井井有条，还将星宿与地面区域一一做了对应，这个对应关系就天文说，称作"分星"，就地面说，称作"分野"。如王勃《滕王阁序》："豫章故郡，洪都新府。星分翼轸，地接衡庐。"是说江西南昌地处翼宿、轸宿分野之内。李白《蜀道难》："扪参历井仰胁息，以手抚膺坐长叹。"参宿是益州(今四川)的分野，井宿是雍州(今陕西、甘肃大部)的分野，蜀道跨益、雍二州。"扪参历井"是说入蜀之路在益、雍两州极高的山上，人们要仰着头摸着天上的星宿才能过去。

阅读资料

★猎户座和天蝎座的星座故事

俄里翁在传说中是海神波塞冬的儿子，父亲赐予他可以在海上行走自如的神力。他相貌英俊，力大无穷，是一位天生的捕猎好手。因为狩猎技巧极高，所以受到了月亮及狩猎女神阿尔忒弥斯的青睐，成为其狩猎的好帮手，甚至有传言阿尔忒弥斯要嫁给俄里翁。这让身为哥哥的太阳神阿波罗十分苦恼。因为阿尔忒弥斯曾许诺她是不可以恋爱和结婚的，阿波罗担心俄里翁破坏了妹妹的诺言。

一日，俄里翁在海中狩猎，而阿波罗和阿尔忒弥斯正好在天上路过，眼尖的阿波罗首先发现了俄里翁，心生一计。他让阳光照射得更加强烈，从而遮蔽了俄里翁的身形，然后和妹妹说："妹妹，听说你箭术了得，我们来比试一下吧，你看前面的海上有一个小黑点，那是一块海上的礁石，你能射中吗?"阿尔忒弥斯二话不说，搭弓射箭，正中那个小黑点。阿波罗笑笑说道："妹妹箭术真是名不虚传，我甘拜下风。"说完就拉着阿尔忒弥斯走了。

阿尔忒弥斯觉得奇怪，等送走哥哥后再回身查看，发现了被她一箭射穿头颅的俄里翁已经被海水冲到了岸边。看着自己心爱的人被自己亲手杀死，阿尔忒弥斯悲痛不已，父亲宙斯不忍看到这样的结局，所以帮俄里翁收敛了尸首，升上了天空，成为猎户座。这样每当阿尔忒弥斯驾驶月亮车跨过天际时，都能和俄里翁在空中相会了。俄里翁死后，他的爱犬终日悲号，不出几日也一起去了，宙斯为了奖励这只忠犬，也将它升上天空成为大犬座，得以陪伴自己的主人。

关于猎户座，还有另外一个神话故事。传说俄里翁夸下海口说自己是最好的猎手，要捕猎地面上所有的猛兽。这句话惹怒了大地之母盖亚，盖亚派出一只毒蝎去攻击俄里翁，最后和俄里翁同归于尽。宙斯赞赏毒蝎孔武有力，把它升上天空成为天蝎座，而俄里翁成为猎户座。因为彼此憎恨对方，所以天蝎座和猎户座永远不会相见于同一片天空，这和我国古代诗词中的“参商不见”有异曲同工之妙。可见古人早早就发现了这个天文现象。

★大熊座和牧夫座的星座故事

在古希腊神话传说中，卡里斯托是月神阿尔忒弥斯的侍女，她非常地美丽善良，深得阿尔忒弥斯的宠爱，大家也都非常喜欢她。有一天，卡里斯托在一片林地中沉沉地睡去，但这一切都被众神之父看在眼里，他从未看过这么美丽的女子。于是宙斯幻化成阿尔忒弥斯的模样下凡靠近卡里斯托，将她拥在怀里，卡里斯托悠悠醒转，发现了阿尔忒弥斯，感到十分奇怪。这时，宙斯显出了原形，卡里斯托惊恐万分，全力挣扎，无奈不是众神之王的对手，只得就范。阿尔忒弥斯知道这件事情后十分生气，将卡里斯托赶了出来。卡里斯托在森林中生下一名男婴，名叫阿卡斯，这孩子成为卡里斯托唯一的寄托。但天下没有不透风的墙，这件事情最终还是被天后赫拉发现了。她找到了卡里斯托，要给她惩罚，施法将卡里斯托变成了一只熊，曾经的猎手现在变成了猎物。

转眼十五年过去了，阿卡斯已经成长为一名英俊少年，并且成了一名勇敢的猎手。有一天，赫拉发现了阿卡斯，仇人的儿子变得这么英俊潇洒，令她十分嫉妒。她将阿卡斯引到了已经变成熊的卡里斯托面前。卡里斯托一眼就认出了眼前这位英俊的少年就是自己心心念念十五年的儿子，她是多么想抱抱自己的儿子啊。但阿卡斯看到的却是一只大熊张开血盆大口向自己扑来，他非常兴奋，向后一跳，拿出长矛就要向卡里斯托刺去，眼见悲剧即将发生，宙斯发现了这一切。为了不让母子相残的惨剧发生，他将大熊和儿子都升上天空，卡里斯托成为大熊座，阿卡斯成为小熊座，阿卡斯的猎人形象变成了牧夫座。虽然母子都变成了星座，但天后赫拉还不放弃，她诅咒母子永远不能进入海洋休息，所以大熊和小熊座一年到头都在北天闪耀，不曾落下。

第九章
历　法

一、历法概况

1. 从观象授时到历法

(1)观象授时:地象授时、天象授时。

(2)天象授时:斗柄授时、中星授时、晷影授时。

(3)测定回归年的日数。

2. 阴历、阴阳历和阳历

图 9-1　我国古代日晷

回归年是四季更迭周期,朔望月是月相变化周期。因此,制定历法,必须精确定出这两个周期的长度。但是,回归年(365.2422 日)和朔望月(29.5306 日)都不是整数,都不能简单通约。如果按年、月的实际长度作为历法中的年和月,那么,年和月开始时刻在一日中将是不固定的,这对人们的生产和生活都很不方便。因此,历法中的年和月都是整日数,都是人为规定的。这种整日数的年和月,称为历年和历月。

二、阴历

1. 阴历概况

太阴历简称阴历。阴历是把月看作首要成分,力求把朔望月作为历月的长度，而历年的长度是人为规定，与回归年毫无关系的历法。朔望月的长度是29.5306日，所以阴历的历月规定单数的月为30天，双数的月为29天，平均29.5天，并以新月始见为月首。12个月为一年，共354天，然而12个朔望月的长度是354.3671天，比历年长0.3671天，30年共长11.013天。因此，阴历以每30年为一个置闰周期，安排在第2、5、7、10、13、16、18、21、24、26、29各年12月底，有闰日的年称为闰年，计355天。经过闰日安插，在30年内仍有0.013天的尾数没有处理，不过这要经过2400余年方能积累一天，届时只要增加一个闰日就行了。阴历起始历元是穆罕默德从麦加迁到麦地那的一天，即儒略历公元622年7月16日(星期五)作为纪元和岁首。

2. 阴历的缺陷

这种历法平年只有354日，闰年也只有355日，比回归年约少11天，3年就要短1个月，约17年就会出现月序与季节倒置的现象。比如原来1月份在冬天，17年后，1月份就在夏天了。当农业慢慢发展以后，需要历法的月份和四季、农业与气候密切配合。

三、阴阳历

1. 阴阳历概述

阴阳历是年、月并重，力求把朔望月作为历月的长度，又用设置闰月的办法，力求把回归年作为历年长度的历法。中国是最早使用阴阳历的国家之一，美索不达米亚的亚述人和印度人也较早制定过阴阳历。我国阴阳历曾经历过复杂的演变过程。从战国到清代，编出的有据可查的较完善的历法就有上百部，这些历法的总趋向就是日臻完善和精确，主要在回归年和朔望月的长度、置闰、确定岁首和月首等方面进行求索，不断改进。

2. 中国旧历(夏历、农历)

历书中把我国的传统阴阳历称为夏历，在民间称它为农历或阴历。

四、阳历

1. 阳历概述

太阳历简称阳历，它纯粹以回归年为基本单位，与朔望月毫无关系。把年看作首要成分，力求把阳历历年的平均长度等于回归年，月的日数和年的月数都是人为规定的。现今全世界通用公历，即格里历，就是阳历，它是由儒略历发展而成的。阳历具有以下优点：

(1)阳历的主要成分是历年。

(2)阳历的历月是历年的分割。

(3)阳历的历月和历日都有确切的季节含义。

2. 儒略历

儒略历是由罗马的皇帝儒略·恺撒采纳索西琴尼等天文学家的计算后提出的用于取代旧罗马历法(阴历)的 一种新历。儒略历是一部纯粹的阳历,它将一年划分成 12 个月,大小月交替,四年一闰,平年 365 日,闰年 366 日(在当年 2 月底增加 1 闰日)。后来又由恺撒的继承人屋大维进行了改进。他将 2 月减去一天加到自己出生的 8 月上(8 月的拉丁名就是屋大维的大名奥古斯都),使 8 月变成大月,又把 9 月、11 月改成小月,10 月、12 月改成大月。由于儒略历比回归年长,所以在实际使用过程中累计的误差越来越大,后被罗马教皇改革成格里历。

3. 格里历

格里历即公元纪年法,又称西历。它是由意大利医生兼哲学家里利乌斯根据儒略历改革而来的一种历法,由罗马教皇格里高利十三世于 1582 年颁布执行,所以该历法又被称为格里高利历,简称格里历。格里历是现阶段世界各国普遍采用的历法,也是我国现阶段使用的历法。虽然我国仍并用传统农历,但 1949 年后,经政协第一次全体会议协商决定,我国也采用现代世界大多数国家使用的格里历作为我国的纪年制度。格里历与儒略历大致一样,但格里历特别规定,除非能被 400 整除,所有的世纪年(能被 100 整除)都不设闰日。因此最近的 2000 年是闰年,但上一个世纪年 1900 年则不是闰年。

4. 格里历的缺陷

目前世界上仍在使用的几种主要的历法都有优点和不完美之处。就公历来说,优点是历年与回归年同步,故月序与季节匹配较好。缺陷是：

①历月是人为安排的,历月的天数有 28 天、29 天、30 天和 31 天四种,大、小月排列不规律;

②四季的长度不一,有 90 天、91 天和 92 天三种;上、下半年的日数也不相等;

③岁首没有天文意义;

④每月的星期号数不固定,每年同日的星期号数、每月同日的星期号数,

都各不相同；

⑤与月相变化周期无关。

相关料材

★阴阳历的置闰

阴历的主要缺点在于它与农业节气不相符合。为了保持日序和月相变化相互对应，使一年中的时令节气与农事活动相适应，把朔望月和回归年合理地协调起来就产生了阴阳历。回归年的日数是朔望月的日数的12.368倍，就是说，一个回归年不正好是朔望月的整倍数，它多于12个朔望月，而少于13个朔望月。为了使历年的平均值总是接近于回归年的日数，阴阳历平年是12个月，闰年是13个月，增加的一个月，叫作闰月。经过推算，19年加7个闰月较为符合实际，因为：

19个回归年＝19×365.2422＝6939.6018日

12×19＋7个朔望月＝235×29.5306＝6939.6910日

两者非常接近，相差甚少。这样阴阳历的月份和季节可以在较长时期内保持大体一致，不会出现冬夏倒置、寒暑失序的现象。19年7个闰月的方法，早在公元前6世纪的春秋时代，我国就已经应用了，而古希腊在公元前433年才发现这个周期，比我国晚了160年。由于闰月的安插，阴阳历的一年长度相差很大，平年是353～355天，闰年383～384天。如何安插闰月，这跟二十四气中的中气有关。在阴阳历中，每个月都有它固定的中气，如含有雨水的月份为正月，含有春分的月份为二月……大寒则是腊月（十二月）的中气。在十九个回归年中，有228个节气和228个中气，而阴阳历十九年中有235个朔望月，显然有七个月会没有节气，有七个月没有中气。在西汉天文学家邓平和落下闳制定“太初历”时，规定以没有“中气”的月份，作为这一年的闰月，它用上月的名称，并在前面加上一个“闰”字，这种置闰办法，被后来历法家一直采用着。

不是所有没有中气的月份都定为闰月，尚有个别是例外。假定前一或两个月里包含了两个中气，下一个月虽然没有中气，还不能把它作为闰月。如清同治九年十一月里有两个中气（冬至和大寒），十二月只有一个节气（小寒），虽然没有中气，也不称作闰十一，仍然是十二月。又如1985年（乙丑年）正月没有中气，只有一个节气（惊蛰），但在上一年的十一月里有冬至和大寒两个中气，应在正月出现的雨水出现在十二月里，那么这个没有中气的正月不算作闰月十二月，仍是正月。有了这样的规定后，才能在十九年中正好安插七个闰月。

从春分到秋分的夏半年中有186天，而从秋分到春分的冬半年中只有179天，这样就使两个中气（或两个节气）之间的日数不能相等。在夏半年中，两个中气的间隔超过它的平均天数（33.44天），尤其是地球在远日点附近，它的运动最慢，使两个中气的间隔达到最大（31.45天）。于是在这段期间的历月里，不包含中气的机会就较多些，这就是四、五、六三月出现的闰月次数特别多的原因。相反地，在冬半年中，两个中气的间隔也就达到最小（29.43天），于是这段时间的历月里总要包含一中气，有时还会包含两个中气。这就使得十一月、十二月和正月一般不会有闰月发生。

我国阴阳历的内涵非常丰富，它还配有二十四节气、干支纪时和属相。现简单介绍如下。

★二十四节气

阴阳历是阴历和阳历的合历，其阳历成分的体现除了平均历年接近回归年之外，还配置了二十四节气。

二十四节气本应称二十四气，它包括十二个节气和十二个中气，只因由两个字组成的词读起来顺口，民间就习惯地称二十四节气。

二十四节气的形成也有一个过程。据查，在《尚书·尧典》中就有“日中星鸟，以殷仲春”“日永星火，以正仲夏”“宵中星虚，以殷仲秋”“日短星昴，以正仲冬”这样的记载。这日中、日永、宵中、日短，正是后来的春分、夏至、秋分、冬至四个节气。《吕氏春秋》中则把日中和宵中称日夜分，把日永称日长至，把日短称日短至。到刘安主持编撰《淮南子》时，已经有二十四节气了，不过有几个节气的名称与现在的名称略有不同。

起先是这样划定二十四节气的：把一个回归年分成时间等长的二十四份，每份设一个气，其中十二个为节气，另十二个为中气，节气与中气相间隔。这种分法要叫平气。一般来说，每个月有一个节气和一个中气，但是，节气和中气是各十二个，中气与中气之间的时间长度必为回归年的1/12，即365.2422/12＝30.4368日，而阴阳历历月的长度是29日或30日，比两个中气的间隔要短。因此，经过若干个历月之后，总有一个历月中没有中气。这就是无中气之月，汉“太初历”规定此无中气之月作为上个月的闰月。因回归年中有十二个中气，一个历年有十二个历月或十三个历月，所以可以把无中气之月看作是阴历年与回归年的差值所积累的，故作闰月。由于两个中气相间 30.4368 日，肯定比历月 30 日长，所以不可能出现 1 个历月中有两个中气的现象。

隋代的刘焯在制定“皇极历”时，提出将平气改为定气，即规定太阳在黄道上每运行 15°设一气，实际上就是地球在轨道上每运行 15°设一气，两个中气之间的间隔就是 30°。但这一提法，只用于计算，而未用于制历。直到清初才正式把定气用于制历。这样一来，两个中气所隔的时间就长短不等了，因为地球轨道是椭圆，太阳处在焦点之一，地球过近日点附近时，运行速度快，且运行 30°的路程短；相反，地球过远日点附近时，地球运行速度慢，且运行 30°的路程长。因此，在地球过近日点附近时，两个中气的间隔时间会短于大月 30 日，甚至短于小月 29 日，因此可能会出现一个历月中有两个中气的现象。所以，清初时作补充规定，即无中气之月前的一个月若有两个中气，则此无中气之月仍不作闰月，因上个月已多了一个中气，如果再闰，就多闰了。

地球近期的情况是，阳历年每年 7 月初，地球过远日点，那么大致是农历六月初或前后过远日点(此时正是北半球夏天)，两个中气之间的间隔长，出现无中气之月的概率就大，所以北半球夏半年特别七月之后设闰月的可能性大；相反，阳历每年 1 月初，地球过近日点，相当于农历十二月初或前后过近日点(此时为冬天)，在此前后的一段时间里，两个中气的间隔时间短，所以北半球冬半年特别是十月、十一月、十二月、一月设置闰月的可能性小。由于地球轨道上的近日点(和远日点)是进动的，进动周期是 11 万年，所以，5.5 万年后，情况正好相反。

至于民间传说闰八月不吉利，其实这是没有科学根据的。农历的八月是夏冬之交，出现闰月的概率居中，没有什么特殊，只是有些人统计历史上有些灾难曾发生在闰八月之年，其实仅是偶然的巧合。如果把其他闰月与历史事件联系起来，说不定还会发现什么不吉利的闰月呢！

二十四个节气的名称明白易懂，它们都与气候、物候有关。有了二十四节气，我国的阴阳历就极有实用价值，特别在指导农事方面发挥了巨大的作用。在 20 世纪 60 年代，我国把传统阴阳历的名称由夏历改为农历，就是因为它能指导农事；再则，农民需要这种历法。一是为了便于农事活动，二是为了过农历年，因过阳历年正在农忙，一些过年必要的食品也不具备，所以节日气氛不浓，只有过农历年，正处秋收冬藏结束之后，一些必要的条件也已具备，能喜气过年。

二十四个节气的含义有属于天文学方面的，有气象方面的，也有物候和农作物方面的，基本上反映了一年的各种情况。

二十四节气本是我国所独有的，后来亦传到一些国家，但时至今日，世界上大多数国家仍只有二分二至四个节气(当然名称不一)，他们大都使用阳历。无疑，阳历的日期与季节匹配得较好，但如果没有二十四节气，也就不“直观”，难以记得某月某日该干什么农活。当然，其他国家的农业也并不落后，可以想象，不同的国家和民族都会有一套“农谚”来指导农事。不过，随着科技的进步，人们可以用科学的方法调节温度和水量，所以节气与农事的联系会逐渐淡化。

★格里历(公历)的由来

当你参观郭守敬纪念馆或了解郭守敬科技成就时，常听到这样一句话：郭守敬编制的“授时历”规定一回归年为365.2425日，与现行公历，也就是“格里历”规定的时间完全一致，但比“格里历”早了301年。

那么，格里历是怎么回事呢？它是由古罗马历发展而来的，分为“儒略历”和“格里历”两部分。罗马709年(即公元前46年，汉元帝初元三年)，罗马最高统治者儒略·恺撒鉴于当时历法极度混乱，严重地影响社会生活的正常进行。于是，他颁布改历的命令，邀请了以埃及的索西琴尼为首的一批天文学家，帮助他改革历法。他们制定的历法规定每年设12个月，月数逢单为大月31日，逢双为小月30日，唯有二月为29日，全年为365日，每隔三年在二月加一日为闰年366日。为了表示他自己的“功绩”，把他出生时的七月改用自己的名字“Julius”命名，这个新历称为儒略历。但恺撒死后，那些颁发历书的祭司们，不了解天文学家索西琴尼改历实质，以致把历法规定中的“每隔三年设一年闰年”，误解为“每三年设一个闰年”。因此，从公元前42年到公元前9年就多设置了三个闰年。这个错误到公元前9年才被发现，并由恺撒的侄子、罗马皇帝奥古斯都(即屋大维)下令改正过来。他宣布从公元前8年至公元4年中不再设置闰年，而从公元8年开始仍按恺撒规定，每隔三年设一闰年。同样为了留名，他把自己出生时的八月改成自己的称号“Augustus”，并把这个月增加一日变成31日。这一日从二月份扣去，同时把九月以后的大小月全部加以对换。这样一来，破坏了原来大小月相互交替的规律，使本来很好记忆的单数月大、双数月小的历法，变得难记难用了，以至于二千多年后的今天还受影响。

当时都认为“儒略历”是最准确的历法。于是，欧洲基督国家于公元325年在尼西亚召开宗教会议，决定共同采用。但“儒略历”并不是十分准确的历法，它的历年平均长度等于365.25日，比回归年长0.0078日。

365.25日－365.2422日＝0.0078日

这个差数虽然不太大，每年只差11分14秒，但逐年累积下去，128年就多出一日，400年就多出三日。这样从尼西亚宗教会议算起，到1582年已发生了10日的误差。因此，公元1582年，罗马教皇格里高利十三世决定改革历法，采用业余天文学家、医生利里奥的方案，每四百年中去掉三次闰年。其方法是：那些世纪数不能被4整除的世纪年（如1700、1800、1900年等）不再算作闰年，仍算作平年，并规定把1582年10月4日以后的一天算作1582年10月15日。日期一下子跳过10天，但星期序号仍连续计算，即1582年10月4日是星期四，第二天10月15日是星期五。改革后的新历法叫“格里历”，全年天数是365.2425日，每年只比回归年多0.0003日，经过3300年才多出一日，比“儒略历”精确多了。因此，世界各国都陆续采用了“格里历”，也就是现行的公历。如：意大利、西班牙、法国于1582年采用；德国、丹麦、挪威于1720年采用；英国于1752年采用；日本于1873年采用；苏联于1919年采用等等。我国也于1912年改用公历，并于1949年9月27日，中华人民共和国成立前夕，正式宣布“中华人民共和国的纪年采用公元”。

★学生改历作业参考

学生作业一：平均历

1. 设想

诸多历法之所以要置闰，是因为没有将回归年的尾数处理掉，其实大可以将尾数放入每年。

原理：

一个回归年＝365.2422日＝364＋1.2422日

＝364日＋29小时48分46秒

＝91×4日＋7小时27分11秒×4

＝（91日＋7小时27分11秒）×4

2. 说明

将一年分为4个季度，分别是春、夏、秋、冬。每个季度开始7小时27分11秒为公假，日期另计，余下的84日（即12周）分为3个月，每月四周，计28日，每日周几可以由该日日期除以7，所得余数便是(刚好整除为周日)。新格里历以3月21日为一年的开始。

3. 优点

(1)时间误差小，6923年误差1日；

(2)比较准确体现回归年的周期；

(3)月日体现季节的变化。

学生作业二：新历设想

1. 设想

月份	一	二	三	四	五	六	七	八	九	十	十一	十二	※
天数	30	31	30	30	31	30	30	31	30	30	31	30	世界假日

合计：364+1日=365日

星期循环：规定一月一日为星期一

2. 说明

(1)废除二月份的28天、29天，改为31日。月份只有30、31天两种天数，显得较为整齐明显。

(2)采用四季的循环月份，即春天为三、四、五月，夏天为六、七、八月，以此类推。且在每一个季节结束之际，其月份天数为31天。如春天到五月结束，则五月的天数便为31天。该方法使天数成为季节的标志。

(3)星期数加入天数进行循环。如一月一日为星期一，则以此类推便可知哪月哪日是周几，其依据是7整除364，星期对应的日期不变。

(4)由于全年只有364天，故特设一天为“世界假日”，即全世界人民放假一天，借以调节身心。

(5)本历法设有闰年，为使星期循环照常，遇闰年采用“双天制”，如遇闰年，则在年尾即12月30日，便出现两次，有两个12月30日。“世界假日”照常，闰年的方法也是4年一闰，闰年366日。

3. 总结

本历法汲取格里历的优点，沿用了365、366天制，400年97闰制，且在此基础上有所创新，如星期加入循环，季节标志明显，缺点是1000年误差3天。

学生作业三：改革历法

1. 新法设计

月份	一	二	三	四	五	六	七	八	九	十	十一	十二	十三
天数	28	28	28	28	28	28	28(1)	28	28	28	28	28	29(2)

2. 说明

(1)7月份的最后一天没有日期和星期，该日的正午12时定为上下半年的分界点。

(2)每年分为13个月，第13月的日数，闰年为29日(凡能被4整除的年份定为闰年，但若遇到公元年则需被400整除方为闰年)，平年28日。其中闰年的最后一天也不定日期星期，为世界和平日。

3. 优点

(1)上下半年日数基本相等；

(2)每月的日数与星期一一对应；

(3)每年的时间能较贴近一个回归年的时间；

(4)免去大小月之分。

★郭守敬

郭守敬(1231年—1316年)，字若思。邢州邢台县(今河北省邢台市)人。元朝著名的天文学家、数学家、水利工程专家。早年师从刘秉忠、张文谦，官至太史令、昭文馆大学士、知太史院事，世称“郭太史”。元仁宗延祐三年(1316年)，郭守敬逝世，享年八十六岁。著有《推步》《立成》等十四种天文历法著作。

图9-2　郭守敬

郭守敬在天文、历法、水利和数学等方面都取得了卓越的成就。他自至元十三年(1276年)起，奉命修订新历法，历时四年，制定出了通行三百六十多年的“授时历”。“授时历”成为当时世界上最先进的一种历法。为修订历法，郭守敬还改制、发明了简仪、高表等12种新仪器。

郭守敬运用他改进、创造的天文仪器，进行了许多精密的天文观测，从而使《授时历》的编制有了可靠的观测基础。他所从事和领导的观测项目甚多，如冬至时刻、二十八宿距度和星表、四海测验、黄赤交角以及一些历元时刻的测定，其中大部分数据都是中国古代历法史上最精确的，或近于最佳的。

“授时历”推算出的一个回归年为365.2425天，即365天5小时49分12秒，与地球绕太阳公转的实际时间只差26秒钟，和现在世界上通用的“格里高里历”（俗称阳历）的周期一样，但“格里高里历”是1582年（明万历十年）开始使用，比郭守敬的“授时历”晚三百多年，在国际上产生了一定的影响。

1970年，国际天文学会以郭守敬的名字为月球上的一座环形山命名为“郭守敬环形山”。1977年3月，国际小行星中心将小行星2012命名为“郭守敬小行星”。中科院国家天文台也将国家重大科技基础设施LAMOST命名为“郭守敬天文望远镜”。

第十章

天文望远镜与天文台

一、天文望远镜

1. 光学望远镜

(1)折射式望远镜

①天文望远镜的诞生

1609年,伽利略制成第一架天文望远镜,这是近代天文仪器的开端。用望远镜观测天体是天文观测手段的第一次大变革。伽利略凭借他手制的口径仅有4.4厘米的简单望远镜,一举完成许多项新发现,有力地支持了哥白尼的日心地动说,轰动了当时的欧洲。在以后的300多年间,望远镜帮助人类扩大了对宇宙的认识,促使近代天文学从诞生到发展,茁壮成长。

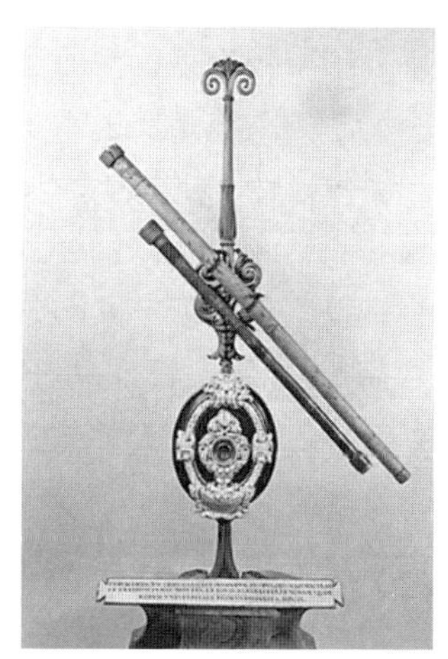

图 10-1 折射式望远镜

②折射式望远镜的两种组合形式

较常用的折射式望远镜有两种形式:即伽利略式望远镜和开普勒式望远镜,其优点是成像比较鲜明、锐利,缺点是有色差。

③消除色差物镜

由于物点发射的光线与透镜主轴有较大的夹角,玻璃对不同颜色的光的折射率不同,会造成球差和色差,严重影响成像质量。为了克服这一缺点,人们发现近轴光线几乎没有球差和色差,于是尽量制造长焦距透镜,促使望远镜向长镜身发展。1722年,希拉德雷测定金星直径的望远镜,物镜焦距长达65米,用起来非常不便,跟踪天体时甚至需很多人推动。

为解决上述缺点,后来人们用不同玻璃制成的一块凸透镜和一块凹透镜组成复合物镜。所以，现代的折射望远镜的物镜，都是由两片或多片透镜组成折射系统（双透镜组或三合透镜组等），这样，可使望远镜口径增大，镜身缩短。

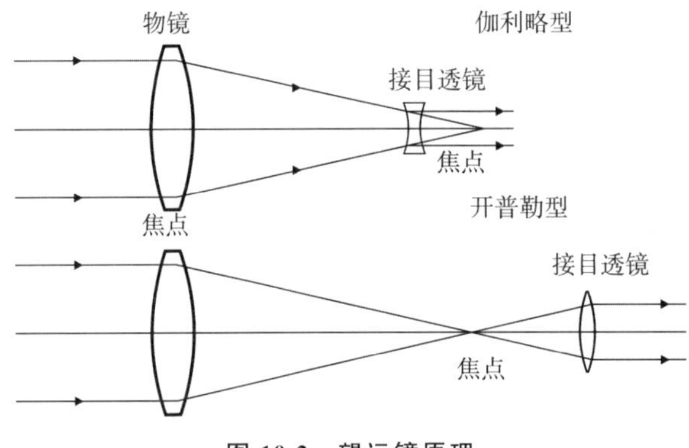

图 10-2　望远镜原理

（2）反射式望远镜

①牛顿攻克色差的途径

牛顿系统是反射系统中最简单的光学系统。为了消去球差，主镜一般制成抛物面。但当相对孔径减小到原来的1/12以下，主镜可制作为球面。它的结构简单，磨制比较容易，成本低廉。国内外爱好者自制的天文望远镜大多采用此系统。但由于轴外像差较大，视场不宜做得过大，且眼望方向与镜筒指向方向不一致，使观测者寻星较为困难。但是，相对孔径较大的抛物面牛顿系统，往往被采用作为口径较大的物镜系统，其像质优良，光力强，适用于拍摄视场不大的视面天体。

图 10-3　牛顿反射望远镜

②反射望远镜的优点和缺点

反射望远镜在天文望远镜中应用十分广泛。由于这种系统对玻璃材料在光学性能上没有特殊要求，光线不需透过材料本身，而重量较轻、无色差又是反射镜的一大优点，所以大口径的望远镜都采用反射式。但是反射物镜表面精度对光程的影响是双倍的，如果仅由一个反射表面来成像，则此表面所需的精确度(垂直入射光)比单个折射表面的精确度要高四倍。可见反射表面磨制的要求是很高的。再加上需经常重新镀反射面及部件组装、校正的困难,反射系统在科普望远镜中的应用受到限制。

③反射望远镜的材料

对于反射望远镜的材料,只要求它的膨胀系数较小、应力较小和便于磨制。

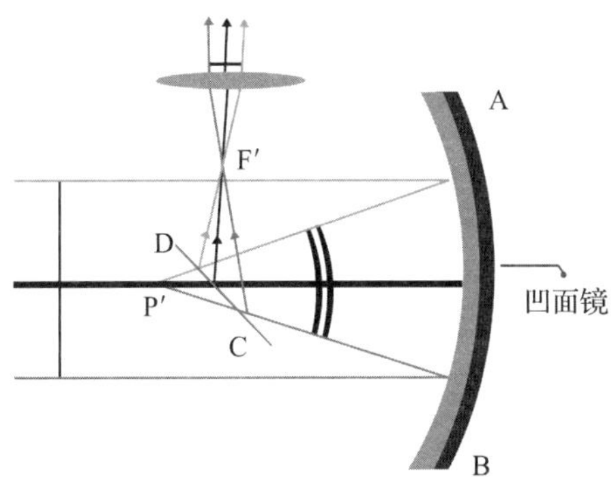

图 10-4 牛顿反射式望远镜光路图

④卡塞格林式反射望远镜

经典卡塞格林系统的主镜为抛物面,副镜为双曲面,而 R-C 系统主镜为双曲面,副镜也是双曲面。此二类系统在大望远镜制作中经常使用,光学质量甚佳。由于主副镜均为非球面,加工难度甚大,制作成本高昂,再加上视场角较小,所以不常用作科普天文望远镜。

(3)折反射望远镜

折反射望远镜的物镜用透镜和反射镜组装而成。目前使用最广泛的有施密特望远镜和马克苏托夫望远镜。

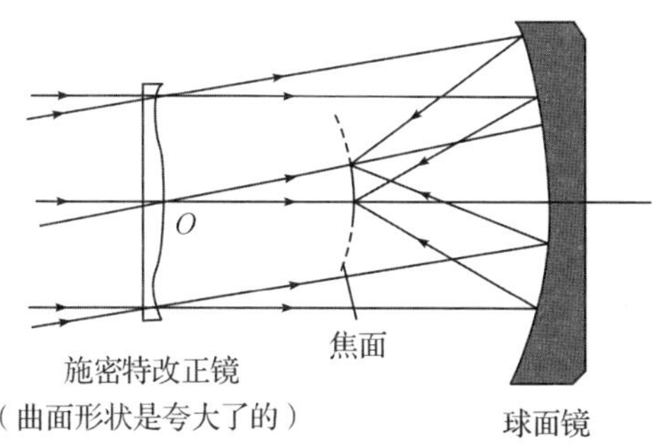

图 10-5 施密特天文望远镜光路图

①施密特望远镜

施密特望远镜于1931年由德国光学家施密特所发明,它在球面反射镜前加了一个非球面改正透镜,以消除球差。

②马克苏托夫望远镜

它是1940年苏联光学家马克苏托夫发明的,它的改正镜是一个弯月形透镜,结构简单。折反射望远镜的特点是:视场大、光力强、像差小,适于观测流星、彗星和人造卫星等天体。

(4)望远镜的机械装置

①地平装置。

②赤道式装置。

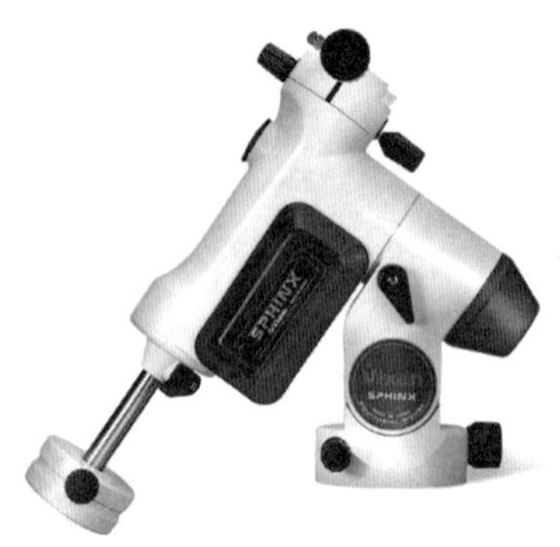

图 10-6 赤道仪

图 10-7 地平式天文望远镜

2. 射电望远镜

(1)射电望远镜

射电望远镜是指观测和研究来自天体的射电波的基本设备,可以测量天体射电的强度、频谱及偏振等量。它主要包括收集射电波的定向天线,放大射电信号的高灵敏度接收机,信息记录、处理和显示系统等。

(2)射电望远镜的组成

射电望远镜的种类很多,但其基本结构和原理是一样的。它一般由天线、接收机(放大器)、记录器和数据的处理显示等装置组成。现代射电望远镜的数据采集器和记录器都由计算机担当。

巨大的天线是射电望远镜最显著的标志和最重要的部件。射电天文望远镜天线的安装系统有三种形式:一是旋转抛物面天线,二是固定抛物面天线,三是系统组合天线。

(3)射电望远镜的结构类型

①抛物面天线射电望远镜。

②射电干涉仪。

关于射电望远镜的性能,同光学望远镜一样,主要包括聚集辐射能量的状况和分辨目标能力。聚集辐射能量的本领,这里叫作灵敏度,即射电望远镜可观测到最小信号的本领以及能发现强信号最小变化的本领。这种观测微弱信号的能力主要受接收机噪声的限制,只需增加口径,改进仪器和选择好安装地点,即可提高灵敏度。

③综合孔径射电望远镜。

这是一种具有高空间分辨率、高灵敏度、能够成像、适合于探测强度不变射电源的射电望远镜。基本工作原理是:地面上一条固定基线的相关干涉仪能观测到天体亮度分布的一个傅里叶分量,改变基线的空间指向或基线的长度,可得一系列天体亮度分布的傅里叶分量,综合这些观测结果,作傅里叶反变换就可获得天体的亮度分布,即天体的射电图像。利用地球自转去改变地面固定基线在空间的指向来实现综合的要求,称为地球自转综合。既改变基线长度或指向,又结合地球自转效应来实现综合的称为超综合。综合孔径射电望远镜的空间分辨率取决于观测中所用的最长基线。它探测微弱天体能力的指标——灵敏度则取决于各个天线的总接收面积。

图 10-8 综合孔径射电望远镜

3. 空间望远镜

(1)哈勃太空望远镜

哈勃太空望远镜是以天文学家哈勃为名,在轨道上环绕着地球的望远镜。它的位置在地球的大气层之上,因此获得了地基望远镜所没有的好处——影像不会受到大气湍流的扰动,视相度绝佳又没有大气散射造成的背景光,还能观测会被臭氧层吸收

图 10-9 哈勃望远镜

的紫外线。于1990年发射之后,已经成为天文史上最重要的仪器。它已经填补了地面观测的缺口,帮助天文学家解决了许多根本上的问题,使其对天文物理有更多的认识。哈勃的哈勃超深空视场是天文学家曾获得的最深入(最敏锐的)的光学影像。

(2)詹姆斯·韦伯太空望远镜

詹姆斯·韦伯太空望远镜(JWST)是美国航空航天局、欧洲航天局和加拿大航空航天局联合研发的红外线观测用太空望远镜。名字取自美国宇航局第二任局长詹姆斯·韦伯——在韦伯担任美国宇航局领导人时期,美国的航天事业掀开了新的篇章,其中包括"阿波罗"登月计划等。

图 10-10　詹姆斯韦伯望远镜

詹姆斯·韦伯太空望远镜的质量为6.2吨,约为哈勃空间望远镜(11吨)的一半。主反射镜由铍制成,口径达到6.5米,由18块六角形镜片拼接而成。面积为哈勃太空望远镜的5倍以上。它还能在近红外波段工作,能在接近绝对零度(相当于零下273.15℃)的环境中运行。

詹姆斯·韦伯太空望远镜是哈勃太空望远镜的继任者,将成为下一代空间天文台。它将是有史以来建造的最强大的太空望远镜,将提供宇宙中形成的第一个星系的图像,并探索遥远恒星周围的行星。

按原计划,詹姆斯·韦伯太空望远镜本应在2014年升空,但后因预算等问题推迟,将推迟至最早2021年3月30日发射。

二、天文台

天文台通常是圆柱形结构的圆顶室,顶部是一个可以在360°范围内水平转动的半球壳体。圆顶外表涂成银白色,以便能反射掉大部分太阳辐射。此外,还常把圆顶建得较高,以避免热辐射的影响。圆顶室周围还要种上草和灌木丛。在圆顶之上有两扇狭长的活动天窗,可沿水平方向分开。有些圆顶上只有一扇天窗,可在圆顶上作俯仰运动。现代化的圆顶室内不仅天文望远镜的转向采用电子计算机控制,圆顶窗口和窗孔的朝向也都靠电子计算机控制。圆顶室的底层通常安置精密计时器,如石英钟、原子钟等。

天文台分为光学天文台、射电天文台、空间天文台、引力波天文台四类。下面介绍几个世界主要的天文台。

1. 中国国家天文台

中国国家天文台经国家有关部门批准于 2001 年 4 月宣布成立，系由中国科学院天文学科原四台三站一中心撤并整合而成。国家天文台由总部及 4 个下属单位组成。中国科学院国家天文台主要从事天文观测、理论及天文高技术研究，并统筹中国天文学科发展布局、大中型观测设备运行和承担国家大科学工程建设项目，负责科研工作的宏观协调、优化资源和人才配置。位于河北兴隆观测站的、世界上光谱获取率最高的望远镜——郭守敬望远镜(LAMOST)以及位于贵州大窝凼洼地的世界上目前口径最大、最具威力的单天线射电望远镜(FAST)均由其建设和管理。

图 10-11　国家天文台兴隆站

500 米口径球面射电望远镜(Five-hundred-meter Aperture Spherical Telescope，FAST)，位于贵州省黔南布依族苗族自治州平塘县克度镇大窝凼的喀斯特洼坑中，利用喀斯特地区的洼坑作为望远镜台址，拥有 30 个标准足球场大的接收面积，被誉为“中国天眼”。由我国天文学家南仁东于 1994 年提出构想，历时 22 年建成，于 2016 年 9 月 25 日落成启用。它由中国科学院国家天文台主导建设，具有我国自主知识产权、世界最大单口径、最灵敏的射电望远镜。综合性能是著名的射电望远镜阿雷西博的十倍。自 2016 年 9 月 25 日落成启用以来，截至 2018 年 9 月 12 日，中国天眼共发现 59 颗优质的脉冲星候选体，其中有 44 颗已被确认为新发现的脉冲星。

图 10-12　FAST

2. 紫金山天文台

中国科学院紫金山天文台，是我国最著名的天文台之一，始建于 1934 年，位于南京市东南郊风景优美的紫金山上。它是中国人自己建立的第一个现代天文学研究机构，被誉为“中国现代天文学的摇篮”。现为国家重点文物保护单位。

图 10-13　紫金山天文台

紫金山天文台是一个综合性的天文台，始建时拥有 60 厘米口径的反射望远镜、20 厘米口径折射望远镜等设备，抗日战争时期部分迁往昆明，其余遭到破坏。1949 年新中国成立后，修复了损坏的天文仪器，并先后增置了色球望远镜、定天镜、双筒折射望远镜、施密特望远镜和射电望远镜等先进的天文仪器，可以进行恒星、小行星、彗星和人造卫星的观测与研究，以及对太阳的常规观测，研究太阳的活动规律并作出太阳活动预报。紫金山天文台还是中国历算的权威机构，负责编算和出版每年的《中国天文年历》《航海天文历》等历书。

3. 上海佘山天文台

上海佘山天文台建于清光绪二十六年(公元 1900 年)，为法国传教士所立，是我国最早的现代意义上的天文台，也是我国的天文研究中心之一。它装备了我国最早的一台天文望远镜，百年来积累了大量珍贵的天文资料。近年在佘山天主堂西首又建造了一座天文观察台，内部安装有直径达 164 厘米的光学天文望远镜，台中还有两架激光望远镜、射电望远镜、直径 156 厘米的光学折射望远镜等先进仪器设备。两座日晷分别用不锈钢和汉白玉制成，可以根据太阳的影线测定白天的时辰和春夏秋冬四季节气，是国内目前最新的日晷。

图 10-14　上海佘山天文台

2012 年，65 米射电望远镜(天马望远镜)落户佘山，是一个国内领先、亚洲最大、国际先进、总体性能在国际上名列前 4 名的 65 米口径全方位可动的大型射电天文望远镜系统。天马望远镜先后参加并成功完成了 2012 年的嫦娥二号奔小行星探测、2013 年的嫦娥三号月球软着陆、2014 年的嫦娥五号飞行试验器的 VLBI 测定轨任务，大幅提高了 VLBI 系统的测量能力，为探月卫星的测定轨做出了卓越贡献。

4. 英国格林尼治天文台(旧址)

格林尼治天文台建于 1675 年。当时，英国的航海事业发展很快。为了满足在海上测定经度的需要，英国当局决定在伦敦东南郊距市中心约 20 千米、泰晤士河畔的皇家格林尼治花园中建立天文台。1835 年以后，格林尼治天文台在杰出的天文学家埃里的领导下，得到扩充并更新了设备。埃里首创利用“子午环”测定格林尼治平太阳时，使格林尼治天文台成为当时世界上测时手段较先进的天文台。1884 年，经过这个天文台的子午线被确定为全球的时间和经度计量的标准参考子午线，也称为 0°经线。

图 10-15　格林尼治天文台

第二次世界大战前夕，伦敦市已发展成为世界著名的工业城市。战后，格林尼治地区人口剧增，工厂增加，空气污染日趋严重，尤其是夜间灯光的干扰，对星空观测极为不利。这样就迫使天文台于 1948 年迁往英国东南沿海的苏塞克斯郡的赫斯特蒙苏堡。这里环境优美，空气清新，观测条件好。迁到新址后的天文台仍叫英国皇家格林尼治天文台。但是，格林尼治天文台并不在 0°经线上了，地球上的 0°经线通过的仍是格林尼治天文台旧址。格林尼治天文台旧址后来成为英国航海部和全国海洋博物馆天文站。里面陈列着早期使用的天文仪器，尤其是子午馆里镶嵌在地面上的铜线——0°经线，吸引着世界各地的参观者。到这里的游人都喜欢双脚跨在 0°经线的两侧摄影留念，象征着自己同时脚踏东经和西经两种经度。

5. 美国夏威夷莫纳克亚山天文台

莫纳克亚山天文台坐落在美国夏威夷群岛大岛上的莫纳克亚山顶峰上，是世界著名的天文学研究场所。这里是举世公认的最佳天文台选址，海拔 4206 米，位于几乎三分之一大气层以上。莫纳克亚山天文台所有的设施都在莫纳克亚的科学保留区，占地 500 英亩，在被特别称为“天文园区”的土地内。天文园区在 1967 年设立，由夏威夷大学的管理处承租该区的土地，并且由许多国家合作在科学与技术上投资了20亿美金。目前世界上口径超过8米的大型光学望远镜就有四台在此落户。莫纳克亚山天文台现有12台正在工作的望远镜。如：

图 10-16 莫纳克亚山天文台

加州理工学院的次毫米望远镜(CSO)：加州理工学院。

加法夏望远镜(CFHT)：加拿大、法国、夏威夷大学。

双子北望远镜：美国、英国、加拿大、智利、澳大利亚、阿根廷、巴西。

轻便红外线望远镜(IRTF)：美国国家航空暨太空总署(NASA)。

James Clerk Maxwell Telescope(JCMT)：英国、加拿大、新西兰。

“昴”望远镜(Subaru)：日本国家天文台。

图 10-17 凯克和昴星团望远镜

次毫米阵列望远镜(SMA)：中国台湾、美国。

英国红外线望远镜(UKIRT)：英国。

夏威夷88英寸望远镜(UH88)：夏威夷大学。

夏威夷24英寸望远镜(UH24)：夏威夷大学希罗校区。

超长基线阵列(VLBA)接收机：

图 10-18 双子星北

美国。

凯克Ⅰ、凯克Ⅱ望远镜：加州大学、加州理工学院。

6. 欧洲南方天文台

图 10-19 智利阿塔卡马沙漠天文台

欧洲南方天文台（European Southern Observatory，ESO）是由16个欧洲国家组成的国际性天文学研究机构，主要观测设备位于南美洲的智利，总部位于德国慕尼黑附近的加兴。1962年10月5日，德国、法国、比利时、荷兰、瑞典五国在巴黎签署了一份协议，决定共同在南半球建立天文台，并命名为欧洲南方天文台。后来陆续有丹麦、芬兰、意大利、葡萄牙、瑞士、英国、西班牙、捷克、巴西、波兰、智利加入。

欧洲南方天文台的选址工作始于20世纪50年代中期，那时曾向非洲的卡洛沙漠派出考察队。20世纪60年代中期，欧洲南方天文台考察了智利北部的阿塔卡玛沙漠，最终选定这里作为台址。1969年3月25日，欧洲南方天文台在阿塔卡玛沙漠南部的拉西拉山正式剪彩。

图 10-20 甚大望远镜

欧洲南方天文台主要有三个观测地，拉西拉天文台、帕瑞纳天文台以及拉诺德查南托天文台。其中位于智利安托法加斯塔以南约130公里的塞罗·帕瑞纳山上的帕瑞纳天文台，海拔2632米，用炸药炸平了山头才建设起来。这里气候干燥，没有灯光干扰，全年中晴夜数量多于340个，是世界上最好的天文观测地之一。欧南台最负盛名的甚大望远镜（VLT）就坐落于此，由4台相同的口径为8.2米的望远镜组成。VLT的4台望远镜既可以单独使用，也可以组成光学干涉仪进行高分辨率观测。作为干涉仪工作时，甚大望远镜将具有相当于口径16米的望远镜的聚光能力和口径130米的望远镜的角分辨本领。VLT的每个主镜重约22吨，每个望远镜重约500吨。VLT的主要科学任务为搜索太阳系旁邻近恒星的行星、研究星云内恒星的诞生、观察活跃星系核内可能隐藏的黑洞以及探索宇宙的边缘等。

7. 激光干涉引力波天文台(LIGO)

LIGO是借助于激光干涉仪来聆听来自宇宙深处引力波的大型研究仪器。它由两个干涉仪组成，每一个都带有两个4千米长的臂并组成L形，分别位于相距3×10^6米的美国南海岸利文斯顿和美国西北海岸汉福德。每个臂由直径为1.2米的真空钢管组成。这样一来，就可以通过超级计算机比对两者采集到的数据，并通过算法来排除许多干扰信息。因为，同时能影响到相隔这么远的两地的波动信号，基本上必然来自太空，这样把地面人为的信号都去除掉，再筛选起来就容易多了。

图10-21　处女座引力波天文台西臂

经过多年不懈的努力，LIGO科学团队与VIRGO团队终于在2015探测到两个黑洞并合所产生的引力波。之后，又三次探测到两个黑洞并合所产生的引力波，又在2017年8月17日探测到两个中子星并合所产生的引力波。这标志着多信使天文学的新纪元已经来临。

★ 虚拟天文台

1. 虚拟天文台的提出

400年前伽利略首次把望远镜指向天空，结束了人类一直用肉眼进行天文观测的历史。170年前，照相技术和光谱技术开始在天文观测中应用，单纯以人眼作为天文探测器的时代结束，天体物理学诞生并发展成为现代天文学的主流。70多年前，在第二次世界大战中得到蓬勃发展的无线电技术使得天文学家的视野超出了可见光，射电天文学诞生。此后不久宇航时代到来，空间天文学诞生，人类对宇宙的观测扩展到了γ射线、X射线、紫外和红外波段。这就是人类观测宇宙的三个里程碑——光学天文学时代、射电天文学时代和空间天文学时代。

从20世纪90年代开始，天文学正经历着革命性的变化。这一变化是由前所未有的技术进步推动的，即望远镜的设计和制造、大尺寸探测器阵列的开发、计算能力的指数增长以及互联网络的飞速发展。

课后资料

望远镜技术的进步使得人类可以建造大型的空间天文台，为γ射线、X射线、光学和红外天文的发展开辟了新的前景，同时也推动了新一代的大口径地面光学望远镜和射电望远镜的建造。现在，天文学家们正在计划建造功能更好、口径更大的空间和地面望远镜，并将配备尺寸更大、像素更多的探测器。随着众多先进的地面与空间天文设备的投入使用，大规模的观测数据正在产生，例如目前哈勃太空望远镜每天大约产生50亿字节的数据，我国正在建造的LAMOST也将产生每天30亿字节的数据，美国计划建造的“大口径巡天望远镜”将会达到每天10万亿字节的量级！在这样的情况下，美国国家科学院天文学及天体物理学发展规划委员会在题为“新千年的天文学和天体物理学”的十年发展规划中把建立国家虚拟天文台作为优先推荐项目。虚拟天文台的概念提出后，各国天文学界迅速响应，纷纷提出了各自的虚拟天文台计划，我国也已开展虚拟天文台的建设。

虚拟天文台利用最先进的计算机和网络技术将各种天文研究资源（观测数据、天文文献、计算资源等）甚至天文观测设备，以标准的服务模式无缝地汇集在同一系统中。天文学家可以方便地利用虚拟天文台系统，享受其提供的丰富资源和强大服务，使自己从数据收集、数据处理等事务中摆脱出来，而把精力集中在自己感兴趣的科学问题上。为了将不同地区的虚拟天文台研发力量联合在一起，国际虚拟天文台联盟于2002年6月成立。

2. 虚拟天文台的工作原理

巡天，就是对整个天区进行观测、普查。如果利用γ射线巡天、X射线巡天、紫外巡天、光学巡天、红外巡天和射电巡天所得到的观测数据，用适合的方法对数据进行统一规范的整理、归档，便可以构成一个全波段的数字虚拟天空；而根据用户要求获得某个天区的各类数据，就仿佛是在使用一架虚拟的天文望远镜；如果再根据科学研究的要求开发出功能强大的计算工具、统计分析工具和数据挖掘工具，这就相当于拥有了虚拟的各种研究设施。这样，由数字虚拟天空、虚拟天文望远镜和虚拟研究设施所组成的机构便是一个独一无二的虚拟天文台。到时，天文学家或天文爱好者要取得天文数据，只需打开计算机登录网站，输入所需的参数，然后点击鼠标即可。

3. 建设虚拟天文台的意义

虚拟天文台是21世纪天文学研究的一个重要发展方向。它的使用将使天文研究再次发生重大变化。虚拟天文台将使天文学研究取得前所未有的进展,将成为开创“天文学发现新时代”的关键性因素。同时,它作为网络时代天文研究的基础平台,为天文学研究信息化创造条件,为普及大众天文学基础教育提供便利。

★ 空间观测技术

1. 红外辐射观测

红外辐射需用红外望远镜观测。其结构与反射望远镜相似,但在观测时要使用红外传感器。波长0.77～1.2微米的近红外波段观测,可在地面进行。但波长较大的远红外观测,必须到大气外层空间进行。早在20世纪70年代,分别在4微米、11微米和20微米波段观测,就发现了3000多个红外源,后来又发现了2万多个红外源,获得了正在形成中的红外星的更多证据。对中、远红外波段探测,还出人意料地发现了一些遥远星系和类星体等强辐射源。对这些极强的红外辐射机制,至今尚未能做出令人满意的解释。

NASA在2003年8月发射了空间红外天文台,其上包括一架口径85厘米的红外望远镜,搭载红外阵列照相机、红外谱仪、多波段成像光电仪,总重865千克,是目前世界上发射的最大的红外望远镜。它将为人类打开一扇观测宇宙的新窗口。

2. 紫外辐射观测

紫外辐射一般指100～4 000埃波段辐射。地球大气对波长短于3 000埃的紫外光很不透明。在地球上除了能接收到太阳部分紫外辐射之外,根本观测不到其他天体的紫外辐射。因此,进行紫外观测,只能借助火箭和人造卫星到外层空间去。1968年,美国发射的“轨道天文台2号”上安装了4架紫外望远镜,用4个波段进行巡视观测,获得了丰富的观测资料,从而使紫外天文学真正形成。后来又进行了卓有成效的紫外观测,在地面操作中心还可以直接看到星场图像。紫外观测对于星际物质的研究有特殊意义。

3. X射线和γ射线观测

X射线一般指波长介于0.01～100埃的电磁波段。由于X射线光子的能量较高，没有可用作折射和反射的材料使它会聚成像。经过长久努力，人们将掠射光学原理应用于X射线天文观测，制成了真正有观测价值的高分辨率的X射电波探测器。完全在空间进行，迄今已发射了许多载有X射线望远镜的空间探测器（如钱德拉X射线天文台等），并取得了丰硕的成果。例如，对太阳X射线爆发的观测为深入认识太阳耀斑提供了依据。在太阳系之外，目前已发现上千个X射线源，其中一部分已得到光学证认，它们和超新星遗迹和强射电星系有关。

γ射线波长都短于0.1埃。康普顿γ射线天文台在γ射线波段上观测宇宙也给人类带来不少信息。关于天体可能发射γ射线的理论，早在20世纪50年代就开始了。20世纪60年代，宇宙γ射线背景辐射的存在得到了证实。20世纪70年代，在整个银河平面（银盘）上探测到高能γ射线辐射，并发现了γ射电脉冲星。在γ射线观测中，最引人注目的是宇宙γ射线爆发的发现，至今对γ射线爆发源的本质仍存在争议。2004年11月，“雨燕”号探测器升空，翻开了宇宙γ射线爆发研究的崭新一页。

在20世纪，航天事业迅速发展，各类卫星利用太空资源开发信息流产品已达到相当规模，促进世界迈向信息社会。载人航天进展很大，12名人类的使者登月拜访，“和平”号空间站的建成……所有这一切都为21世航天的进一步发展打下了比较坚实的基础。我们相信21世纪是航天的时代，21世纪太空的景观一定更加绚丽多彩。

第十一章
天文校本课程的实践活动

一、天文观测

图 11-1 观测场地的选择

1. 一般的天文观测需要注意的问题

观测天体的重要手段是天文望远镜。可以毫不夸张地说，没有望远镜的诞生和发展，就没有现代天文学。随着望远镜在各方面性能的不断改进和提高，天文学也正经历着巨大的飞跃，迅速推进着人类对宇宙的认识。

天文学是一门古老而常新的自然科学，研究对象是宇宙的规律。它是以观察及解释天体的物质状况及事件为主的学科。主要研究天体的分布、运动、位置、状态、结构、组成、性质、起源和演化。天文学与其他自然科学不同之处在于，天文学的主要实验方法是观测，通过观测来收集天体的各种信息。因而对观测方法和观测手段的研究，是天文学家努力研究的一个方向。不断改进和拓宽天文观测的方法是天文学家和天文爱好者永无止境的追求和使命，也是推动天文学发展的动力和源泉。

场地选择对天文观测至关重要。观测场地周围的环境直接影响着观测效果：如果障碍物过多，很难见到观测目标；如果气流变化过大，会造成图像的抖动和变形，使望远镜的分辨率降低；如果天空被灯光照得很亮，极限星等（肉眼可见最暗恒星的星等）就会降低，看到的恒星数就会减少，对观测和摄影都会造成很大的影响。因此，选择一个合适的场地是必需的，选择时要注意以下几点：

（1）选择一个开阔的场地

如运动场，使能看到的天区增到最大。如果住在高楼林立的居民区内，在楼下随便找个地方是绝对不能观测的。可想而知，在几栋楼之间要想看到天顶以外的部分是件非常困难的事情。在运动场之类的地方就可以避免这些麻烦事了。

（2）要注意气流的影响

若在建筑物附近观测，应特别注意要避开开着的窗户，因为在开着的窗户附近，很容易产生复杂的气流，以至于影响观测效果。此外，还应该注意尽量避免直接在水泥地面上观测，因为水泥的比热容（降低同样温度放出热量的多少）很小，所以在夜间，温度会很快下降，也会造成气流变化。土地就比水泥地面好得多，如果有条件的话，最好选择在草地上观测，因为草地含有大量水分，水的比热容又大，所以不易引起气流的剧烈变化。当前，许多天文台都建设在海边或海岛上也是基于这个原因。

（3）灯光也是一个不可忽视的问题

随着经济的发展，城市的灯光越来越多，天空被照得越来越亮，而且许多灯都是彻夜不关的。正如上面所说，这对天文观测造成了极为严重的影响。虽然你不能为了进行观测而不让城市发展，但是我们可以主动地去避开灯光。在美国，天文爱好者们为了躲避灯光的影响，自己驾车几十甚至几百公里来到野外进行观测的事情已是屡见不鲜了。我们也只能学他们，找一块自己认为足够黑暗的地方。当然，应该是自己熟悉的地方，千万不要到自己毫不知情的荒郊野外，以免发生危险。

二、基本天体的观测

1. 月亮的观测

一提到使用望远镜进行天文观测，第一个想到的恐怕就是对于离我们最近的天体——月球的观测了。月球是我们最熟悉的天体，也是用望远镜观测天体的入门天体。月球是除太阳以外最亮的天体，无论在乡村还是城市的天空中都非常容易找到，且使用放大倍率不高的小型望远镜也可以看到月球表面的环形山、辐射纹等，能获得很好的观测效果。

(1)观测时间的选择

月球的出落是十分规律的，只需要花一点点时间就可以弄清楚月相的变化和月球的基本运行规律。由于月球并不放光，只会反射太阳光，且月球一直在围绕地球公转，所以我们观察到的月球亮面的形状是在不断变化的，我们称之为“月相”。月相有四个基本的形态，分别是全亮时的“望”，即所谓的满月，全暗时的“朔”以及一半亮一半暗的“上弦月”和“下弦月”。这四个月相还有之间相互过渡的月相，如“峨眉月”“凸月”。具体月相变化可参看图 11-2。月相的一个周期由朔开始，到下一个朔结束。这个周期就是我们一般意义上农历的一个月，农历初一即为朔，而农历十五即为满月，以此类推。

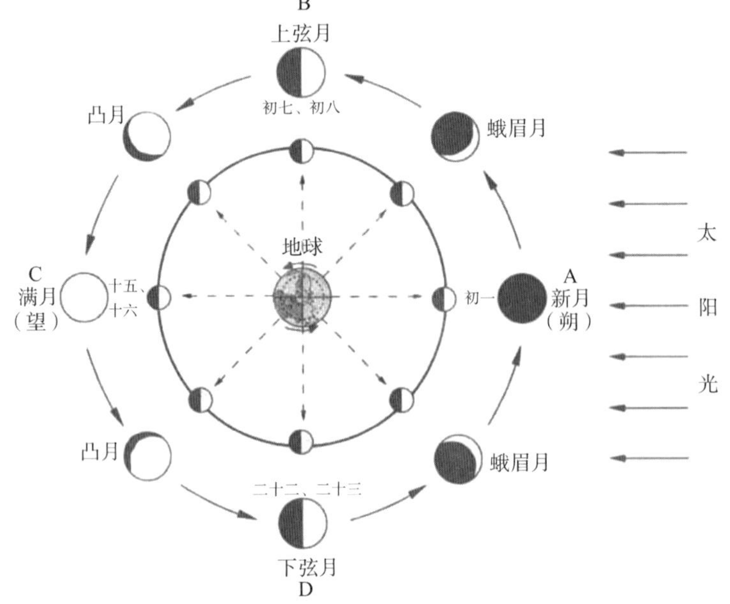

图 11-2 月相变化

月球除了月相变化以外，升落还存在一定的规律，当然这也和月相有一定的联系。农历十五时，月相为“望”，这一天，太阳一落下去，月亮就会升起来，整晚都在夜空中，午夜0时到达天顶位置，随后落下。而“朔”这个月相时，月亮与太阳同升同落，所以我们在夜晚看不到月亮不是因为此时的月亮是背面对着地球，而是因为此时月亮根本就不在地平线以上。上弦月时，月亮正午出，午夜落，只有上半夜悬挂于天空；下弦月则半夜月出，直到第二天正午才落入地平线。这样一来我们只需要查看农历，就可以知道当天晚上的月相和月亮的升落时间了。根据月球的运动规律，我们得到了一句这样的口诀：“上上上西西，下下下东东”。意思是上弦月总是出现在上半月的上半夜，月面冲西且位于上半西天。而下弦月总是出现在下半月的下半夜，月面冲东且位于上半东天。

对于月球的观测，很多人认为当然应该是满月时观测最佳，此时月球最亮且亮面最大。实际上此时的月球因为亮度太大，反而不适合观测。长时间对着满月观测，如不使用一定的绿光装置，会使人头晕目眩，无法继续下去。因此，除满月和新月时外，都可以对月球进行观测。

(2)观测内容的选择

图 11-3　月相

因为月球的条件特别有利，所以观测项目十分丰富。

月面整体结构的观测：月球正面结构千姿百态，有19个月海可见，每个月海各具特色。月面绵延着 15 个著名的山脉,它们巨峰突起,怪崖峥嵘,环形山更是比比皆是。

月相变化的观测:从月牙到皓月,一直备受天文爱好者们的青睐。他们乐于对明暗交界区域进行观测。在一年中,月面上每个区域要被明暗界线扫过 25 次,也就是要产生 25 次不同角度的阳光照射。

月面局部区域的特殊观测:比如雨海环境的观测,对科希峭壁的观测,对哥白尼环形山、第谷环形山、阿里斯塔克环形山以及它们的辐射纹的观测等等。

图 11-4　月球正面

月球视直径变化的观测:由于月球轨道是椭圆的,它和地球的距离总在变化之中,从地球上看到月球视直径也是在 29′22″～33′26″范围变化,凭肉眼绝对感觉不出,但是,从月球过近地点和远地点的照片对比中,可以明显地反映出来。如果你的天文望远镜物镜焦距是 1000 mm,那么,月球像的直径是在 8.4～9.6 mm 范围内变化。

月球"灰光"的观测:所谓灰光,就是在非满月时,太阳没有照到的月面部分也依稀可见,这是由于地球反射的太阳光照到月面上的缘故。

月食和月掩的观测：如果掌握了月球的一般光学观测，遇到这两种天象时，就完全可以得心应手地观测了。

(3)观测方法的选择

从观测项目可以看出，主要观测的是月面形态。为此，这里只介绍目视观测和照相观测。

目视观测：目的是认识月面环境，了解特殊结构，进而绘制月面图。什么样的月相最适宜进行目视观测呢？人们往往迷恋于满月的多姿，陶醉于它柔和的光辉。其实，这时通过天文望远镜观测，它光强刺眼，细节完全不清。目视观测最好的日子是弦月前后。这时月光妩媚，立体感很强，月面就像石膏艺术品一样，呈现在观测者面前。

目视观测用多大的放大倍率目镜呢？选择目镜主要考虑两点：其一，选择适当的放大倍率，而不是越大越好。我们知道，眼睛对目镜视场内细节的分辨本领约为 2 角分，如果要观测月面 1 角秒的细节，必须把它放大到 2 角分以上才行，也就是要选用放大 120 倍以上的目镜。从衍射理论看，只要能看清天体的衍射斑，望远镜就算发挥了最大本领。而且，由于大气抖动，要想看清 0.2 角秒以下的细节，那是根本不可能的。观测月球最好的放大率为有效口径的 1.5～3 倍的数值。显然，望远镜的有效口径越小，选用的放大率也相应地要低。其二，放大率越高，视场越小，视场越暗。一位月面学家说得好："对月球的观测，清晰比大小更有价值。"因此，每次观测前，根据观测目的，选用几种目镜试一试，然后从中再选定。

如果要绘图，首先应定比例尺，画出预定的月轮，绘出月面中央子午线和东西线。有条件的还要算出(或查出)月球的球面位置和月球自转轴的方向角。通过视面中央子午线的经度、视面中心的纬度绘制时，要从靠近月轮中心区的特征开始。对一些重要的细节结构，就用测微器测出位置和大小。

目前天文学家已编制出几种月面详图。天文爱好者们通过自己的观测，对月面的认识会更深刻，更有意义。

照相观测：只要有一般摄影常识，通过天文望远镜进行照相观测是不成问题的。照相观测可分为两类：全月面照相和局部放大照相。

照相观测的关键是要弄清月亮在底片上成像的尺寸。这与所有望远镜的焦距有关。即有关系式：$d=2F\cdot\tan\theta/2$，其中 d 为底片比例尺；F 为物镜焦距，以毫米表示；θ 为月亮在天球上的角直径，大约为 30 分。若望远镜物镜焦距为 1000 毫米，则在焦平面处的月亮直径约 9 毫米。若是 120 折反式望远镜，其物镜焦距为1 500毫米，则月亮在底片上的直径约 13 毫米。

不同月相的曝光时间是不一样的。

往往有人以为满月的面积是弦月的两倍，亮度自然也是两倍。实际上绝不是这样简单的比例关系。测量表明，满月亮度是弦月亮度的 12 倍左右。

2. 太阳的观测

太阳同样是大家十分熟悉的天体，但太阳的观测并不能像月球的观测一样可以直接使用肉眼或使用简易未加其他辅助设备的望远镜进行观测，特别是直接使用望远镜观测可能会造成十分严重的视力损伤！切记！切忌！

(1)观测时间的选择

太阳是十分明亮的天体，它光芒万丈，让人不能直视。因此，如果直接使用肉眼观测太阳，那么应该选择日出日落时进行观测。此时的太阳相对没有那么明亮，如果搭配上登高、山峦、海景等条件，那么观测到的美景将气象万千。

天文爱好者们当然不可能仅仅满足于肉眼观测的太阳形状，当我们需要观测太阳活动时，就需要选择正确的时间了。太阳表面的观测和月球表面的观测最大的区别在于不稳定性，月球表面的月海、环形山等一直存在，而太阳表面观测的太阳活动则需要看太阳的活跃程度。太阳越活跃，太阳活动越剧烈，那么可以观察到太阳活动的机会就越高。因此，我们需要了解太阳活跃的时间。一般来说，太阳存在一个 11 年的活跃周期，也就是说每隔 11 年，我们观测太阳活动的概率和等级将大大提升。上一次太阳活跃年是 2018 年，也就是说看到这本书的时候，你已经错过了这次活跃年了。不过没有关系，并不是说不是活跃年就观测不到太阳活动，在非活跃年，太阳一样会存在太阳活动甚至出现较大的太阳活动，只需要我们实时关注天文信息，掌握太阳活动状态，那么观测到太阳活动的概率将大幅提高。比如中国科学院国家天文台就有专门的网站对太阳活动进行播报和预测(http://rwcc.bao.ac.cn/index.jsp)。我们可以从该网站上非常清楚地了解到想要的太阳资讯。

(2)观测对象选择

除了观看美丽的日出和日落外，天文爱好者更加感兴趣的观测对象应该是太阳表面的大气活动。太阳表面的大气活动主要表现为黑子、耀斑和日珥。特别是日珥，是十分壮观的太阳大气活动。

太阳黑子：在太阳大气光球层表面的暗斑，被称为“太阳黑子”。黑子的温度比周围低，所以看起来相对较暗，但即使这样，太阳黑子的温度也达到了约 4500 K。太阳黑子往往成对出现，是最基本的观测对象。

太阳耀斑：又称色球爆发，是太阳大气色球层一种激烈的太阳活动，也是最剧烈的一种太阳活动。表现为太阳大气某部分因为瞬间加热，出现亮度异常升高的一种现象。

日珥：同样是出现在色球层的一种太阳大气活动，往往在日面边缘外侧才能被观察到。日面腾起红色的舌状气体，千姿百态，气势恢宏，是最值得观测的一种太阳活动。但因为观测需要特殊的仪器，也是最难被观察到的太阳大气活动之一。

(3)观测方法的选择

因为太阳表面亮度极大，所以无论是肉眼还是望远镜，都无法对其直接进行观测。民间常用洗过的胶片或被烤黑的玻璃挡在眼睛前进行观测，但这些都是不科学的行为，容易对眼睛造成损害。日常观测中，我们经常使用一种叫作“巴德膜”的太阳滤光片来辅助我们观测。产品分为密度 3.8 和密度 5.0 两种。密度 3.8 的主要用于太阳摄影，透光率约为 16/100 000，不足以保护目视观测时的人类肉眼。所以在选择巴德膜望远镜罩或巴德膜眼镜时，一定要选择密度为 5.0 的产品，它的透光率仅有 1/100 000。现在利用巴德膜制作的太阳观测产品很多，最简单的就是巴德膜眼镜。它采用纸质的镜框，使用巴德膜代替原本镜框内的镜片制成，轻便且便宜，是肉眼观测太阳的最佳选择。在使用望远镜观测时，可以给望远镜加配巴德膜罩，使用时将巴德膜罩扣在望远镜前端从而达到滤光效果。

图 11-5　日珥镜

特别要注意的是，在使用巴德膜观测太阳前，一定要检测巴德膜是否存在质量问题或破损，如使用巴德膜罩还需检查其是否与望远镜基本匹配，会不会存在漏光的现象，因为哪怕出现一点纰漏，都可能导致观测时对你的眼睛造成无法挽回的巨大损失。另外，在使用望远镜观测时，请盖上寻星镜或者给寻星镜也加配巴德膜，以免出现误伤的现象。除了巴德膜外，还有一种镀膜玻璃片也可用于观测，但购买需联系专业人士，千万不要自己随意购买和使用。

使用巴德膜观测太阳时，一般只能看到

光球层太阳活动，如黑子。如果想要看到更加壮丽、更加具体的太阳活动，如日珥，巴德膜就派不上用场了，这个时候你需要一台更加高级的设备对太阳进行观测，如日珥镜。日珥镜是一种更加专业的太阳观测仪器。它除了前置滤镜可以屏蔽掉对肉眼有害的大量太阳光以外，还有一个叫作光学共振腔的设备，可以调整看到的光谱，这样我们就可以看到色球层发出的波长带宽不到 1 nm 的光了。日珥镜价格昂贵，操作复杂，如需使用还需专业人士在旁指导。

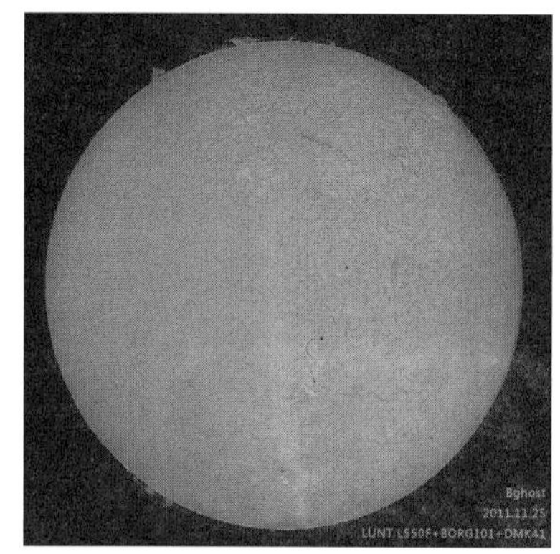

图 11-6　日珥镜拍摄的图片

3. 其他天体的观测

首先需要明确，除太阳和月亮外，我们还经常能看到大量其他天体的照片，如太阳系内的火星和木星以及更加遥远的星云。很多人认为如果使用望远镜就能看到如照片一样的景象了，而实际是那些照片都是更加大型的天文望远镜拍摄的，如哈勃太空望远镜。一般的小型望远镜是无法看到那样的景象的。

(1)观测时间的选择

除太阳和月球的运动相对较规律且较好观察外，其他天体的运动规律相对来说并没有那么好掌握，而且天体较小较暗不易寻找，所以在观察其他天体时，应先确定该天体的升落时间和天球位置。这些数据都可以使用电脑上或手机上相应的软件完成(推荐使用手机软件《星图》或《星象仪》(GOsky-watch))。还有就是由于轨道运动，有些特殊的时候，某些天体会离地球特别近，这也是十分好的观测时间，但机会难得，不易遇到，比如火星大冲。

(2)观测对象选择

除了太阳和月亮，天空中还有很多其他的天体可以观测。我们最常观测的是太阳系内的其他行星，相对距离较近的金星、火星，以及体积较大、特点较突出的木星、土星都有一定的观测价值。金星可以选择观测它的位相变化，木星则可以观测它流动的条带状云层，而土星当然是观测最出名的光环了。其他的行星由于太远，一般不作为观测对象。

除了这些太阳系内行星以外，还有一些著名的天体可以观测，如位于仙女座的仙女座星系，位于猎户座的猎户座星云等。但由于离得较远，所以往往只能观察到一片朦胧暗淡的影像。

(3)观测方法的选择

由于这些天体较小较暗,一般肉眼直接观察,只能看到一个小亮点,所以对于这些天体的观测还是需要借助天文望远镜,特别是放大倍率较高的天文望远镜。如果能在望远镜的目镜端加上CCD等感光元件,还可以将影像投射到电脑屏幕上,观测效果更好。

图 11-7　望远镜看到的土星

三、常见天象的观测

1. 月食的观测

月食是一种特殊的天象。地球背向太阳的方向会出现一条地影,当月球运行到和地球、太阳几乎同一直线时,月球就有可能进入地影内,此时照在月面上的阳光部分全部被遮挡,就出现了月食现象。地影分为两种:本影和半影。本影指完全接受不到太阳直射的地影部分,半影则指可以部分接收到太阳直射的地影部分,因此根据月球进入的地影的位置不同,我们可以将月食分成本影月食和半影月食。半影月食时,月球只是进入地影半影区内,还是能接受到部分太阳光,因此发生此天象时,只是月球稍微变暗一下而已,并没有实际的观察价值。我们主要讨论的月食是本影月食。本影月食又根据进入地影的情况不同,分为月全食和月偏食。当月球完全进入地影本影区时,发生月全食,如果是部分进入的话,则发生月偏食。

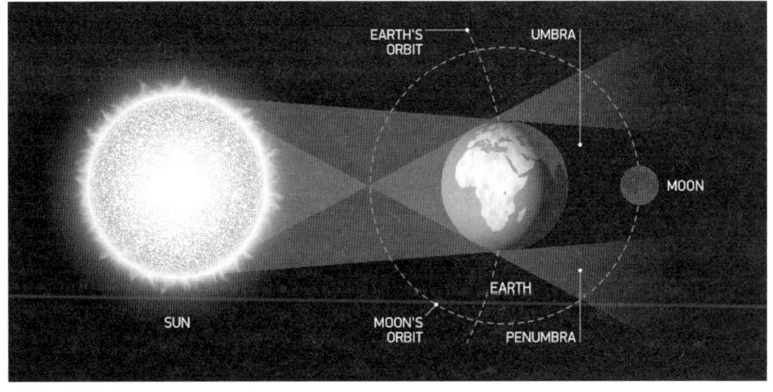

图 11-8　月食原理

(1)观测时间的选择

地球轨道面和月球轨道面不在一个平面上,黄道和白道之间存在一个夹角,因此月食不会每个月都出现。只有当月球运行到黄道和白道交点进入月食限范围内时才能发生月食。有时候一年内最多能发生三次月食,有时候却一次都不会发生。虽然月食发生的次数并不多,然而一旦发生,发生时间内所有位于夜半球且天气晴好的地区就都能观测到这一天文现象。月食发生时一定是满月。上一次月全食发生在 2019 年 1 月,下一次则要等到 2021 年了。

(2)观测现象的特点

月食发生时分为几个阶段。当月球刚刚接触到地球本影时,东部边缘开始明显变暗,这个时候我们称之为"初亏"。然后月球开始一点点被地影蚕食,直到月球西边缘与地影西边缘内切时,称之为"食既",此时月球全部刚刚进入地影本影内。接着月球中心与地影本影中心重合,此时称为"食甚",这是月食发生的最高潮。当月球的东边缘与地球本影东边缘内切时,月球开始恢复亮度,此时刻称为"生光",也同时意味着月全食的结束,最后月球"复圆"。由于地球很大,地月很近,所以月食这一现象发生得十分缓慢,单计算从"食既"到"生光"的全食阶段就可以持续一个多小时,如果算上"初亏"到"复圆"的全过程,时间长达四个小时,观测时间十分充裕。

图 11-9 月食

另外，月全食发生时，人们并不会因为月球完全进入地影本影区而看不到月亮。恰恰相反，我们会看到一个暗红色或者说是古铜色的月亮悬挂在天际。这是地球大气折射和散射了部分阳光到月面上所致。

(3)观测方法的选择

月食是一种十分容易观测的天象。月球亮度并不大，所以直接可以使用肉眼观测。月食持续时间很长，观测时间十分充裕。只要天气允许，那么观测没有什么大问题。除了肉眼观测以外，还可以使用摄影器材进行拍摄观测，特别是月全食阶段的红月亮，配合地景拍摄更有韵味；也可以使用多次拍摄的叠加，产生糖葫芦的月食效果。月食观测时位于夜间，如果天气较冷，须注意身体保暖和拍摄设备的保暖。

图 11-10　月食全记录

2. 日食的观测

日食是一种非常稀有且壮观的天象。当月球运行到太阳和地球之间时，日、月、地恰好或几乎成一条直线，月球就会在地球上投射一个影子，在月影里，太阳射向地球的光线会被遮掉一部分或被全部遮蔽，这个时候在月影里的人们就会看到日食。和月食相似，月影也存在本影区和半影区以及特殊的伪本影区。

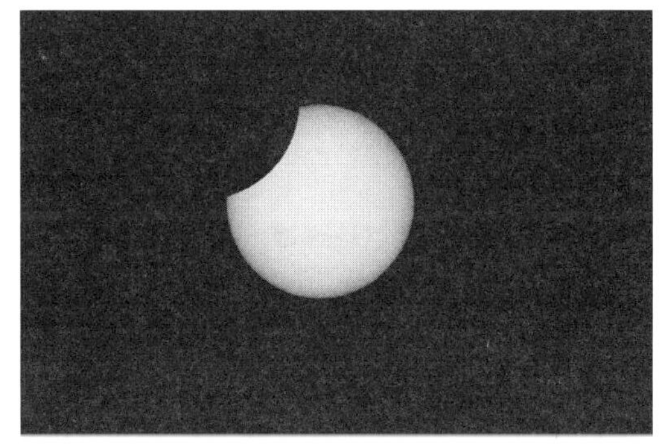

图 11-11　日食

位于月影本影区内的人，看不到任何一点太阳光，会看到日全食；位于半影区的人只能看到部分太阳光，会看到日偏食。而如果月球离地球较远，那么投射

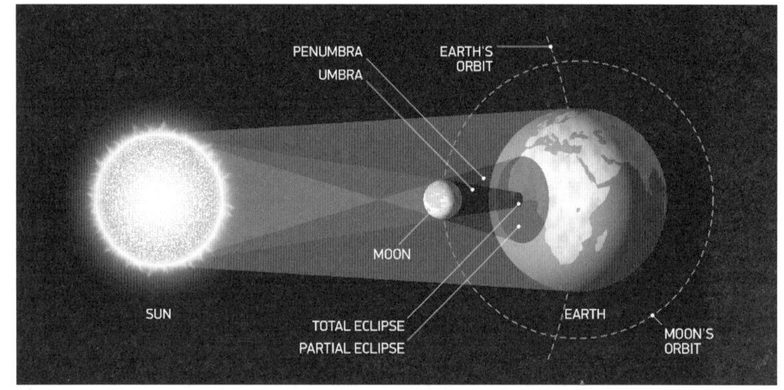

图 11-12　日食原理

的阴影将会变成伪本影，这时月球并不能完全挡住太阳，而只能挡住太阳圆面中心部分，周围还会看到一圈明亮的光环。因此在伪本影区内的人们将会看到日环食。

(1)观测时间的选择

和月食一样，并不是每次月球位于地日之间时都会发生日食。因为月球白道面和太阳黄道面并不重合，所以只有在朔日且交点附近 18°的范围内才可能发生日食。一年内有两个食季，所以每年至少有两次日食，一年最多可以发生 5 次日食。虽然日食发生的频率较月食高，但每次发生时只有位于被月影投射的极小区域内才能看到日食，不像月食发生时，位于夜半球的人们均能看到。因此，同一个地方观测到日食的间隔是十分长的。以我国为例，上一次发生日全食是在 2009 年的长江中下游地区，而下一次就是 2034 年了，而且那一次将发生在西藏无人区，想要观测十分困难。

(2)观测现象的特点

由于月球自西向东绕地球转动，所以日食总是从日轮的西边缘向东边缘发展。日食可分为五个阶段，分别是初亏、食既、食甚、生光和复圆。基本流程和月食类似，但持续时间较短。从初亏到复圆一般

图 11-13　贝利珠

只有两个小时左右，而最为壮丽的食甚阶段只有几分钟。上一次长江流域全食阶段达到六分钟，已经是十分少见的了。

对于日食的观测，可观察的现象远比月食多，特别是在食甚阶段，能看到很多十分罕见的现象。如在食甚发生前和生光发生前，由于月球表面的凹凸不平，边缘的地方透出光来会形成绚烂的贝利珠现象。食甚时，由于太阳光球层的光被阻挡，天空瞬间变暗，星空开始出现，还能在太阳周围看到丝状的日冕，蔚为壮观。如使用更大的天文观测设备，还可以看到日珥等其他太阳大气现象。

(3)观测方法的选择

图 11-14　日食

图 11-15　日环食

和观测太阳一样，特别强调在观测日食时除了食甚阶段，绝对不能使用肉眼直接观测太阳，或在不使用保护设施的情况下用普通望远镜观测太阳。这些都将对你的眼睛造成不可逆转的巨大伤害。日食发生前，请使用巴德膜眼镜或有巴德膜遮罩的天文望远镜进行观测。在食甚阶段，由于太阳光球层的光线被阻挡，此时可以摘下眼镜使用肉眼直接观测。

除使用肉眼和天文望远镜观测以外，也可以使用更加大型的设备或照相机进行拍摄记录，使用延时摄影等方法可以更好地记录日食全过程。

3. 流星雨的观测

流星雨可能是天文爱好者最喜欢的一种天文现象了。在本书第五章，已经介绍过它的成因。它发生次数多、时间稳定，且具有一定的浪漫色彩，是大家最爱观测的一种天象。

(1)观测时间的选择

流星雨发生时间比较稳定，一般呈周期性，其中最有名的当属北天三大流星雨，具体的发生时间可以查看第五章的介绍。除了几大常规流星雨以外，还有一些周期性变强的流星雨，如狮子座流星雨，平常年份 ZHR 值很低，但极大年可能成为流行暴，极具观赏价值。各个流星雨的辐射点星座各不相同，所以观测时间也各不相同，观测者应该查找相关数据，找到当年极大值出现的日期，并使用《星图》查询好辐射点上升到天空较好观测位置时的时间。

由于流星雨的观测受到其他干扰因素影响很大，所以并非所有的周期性流星雨每年都有观测价值。天气状况是影响流星雨观测最直接也是最不稳定的一个因素，不要说阴天，哪怕是多云也将对观测造成很大的影响。因此，在确定观测时间时，一定要查找好晴天钟数据，确认天气情况。另外一个影响较大的因素则是月光，如果观测遇到满月，那么观测效果将大打折扣，而如果遇到朔的话，那么将整夜可以观测。最后，还须考虑的是视宁度等其他影响因素。

总之，流星雨观测时间的确定是十分复杂的，需要参考多方面的数据以得到当年最佳的观测时间。

(2)观测现象的特点

流星雨发生时，观测时间可以持续几天，主要观测对象是从辐射点辐射出的流星。不同流星雨的观测大致相同，火流星和有颜色尾迹的流星都是重点观测对象。如果运气好，一个晚上可以看到几十颗流星划过天际。

(3)观测方法的选择

观测流星雨的第一方法当然是目视观测，在野外找一个光污染较少的地方，静静地等待辐射点升起，迎来一场视觉的盛宴。流星转瞬即逝，想要留下

图 11-16　银河与流星雨

点什么的话，最好的方式是选择摄影观测，用相片记录一颗颗流星划过天际。使用三脚架将相机固定在一个地方，设置好相应的数据后，使用快门线实现定时操作，最后将所有的照片进行叠加，获得一张完整的流星雨照片。为了获得更好的视觉效果并减少操作难度，地点选择应该远离飞机航线，以免飞机进入镜头影响照片构图。拍摄照片时，最好选择一个地景，这样拍摄出来的流星雨照片会更加有意境。

附　录

梅西耶星表

编号	NGC	赤经	赤纬	视径	视星等	距离	星座	类型	备注
M 1	1952	05 34.5	+22 01	6×4	8.4	7200	金牛座	超新星遗迹	蟹状星云
M 2	7089	21 33.5	−00 49	13	6.5	36900	宝瓶座	球状星团	
M 3	5272	13 42.5	+28 23	16	6.4	32200	猎犬座	球状星团	
M 4	6121	16 23.6	−26 32	26	5.9	7100	天蝎座	球状星团	
M 5	5904	15 18.6	+02 05	17	5.8	25000	巨蛇座	疏散星团	
M 6	6405	17 40.1	−32 13	15	4.2	1900	天蝎座	疏散星团	蝴蝶星团
M 7	6475	17 53.9	−34 49	80	3.3	800	天蝎座	疏散星团	托勒密星团
M 8	6523	18 03.8	−24 23	90×40	5.8	3900	人马座	弥漫星云	礁湖星云
M 9	6333	17 19.2	−18 31	9	7.9	26000	蛇夫座	球状星团	
M10	6254	16 57.1	−04 06	15	6.6	147000	蛇夫座	球状星团	
M11	6705	18 51.1	−06 16	14	5.8	5540	盾牌座	疏散星团	野鸭星团
M12	6218	16 47.2	−01 57	15	6.6	18200	蛇夫座	球状星团	
M13	6205	16 41.7	+36 28	17	5.9	23500	武仙座	球状星团	
M14	6402	17 37.6	−03 15	12	7.6	35100	蛇夫座	球状星团	
M15	7078	21 30.0	+12 10	12	5.4	31100	飞马座	球状星团	
M16	6611	18 18.8	−13 47	35	6	5490	巨蛇座	弥漫星云	老鹰星云
M17	6618	18 20.8	−16 11	46×37	7	4200	人马座	弥漫星云	奥米加星云/马蹄星云
M18	6613	18 19.9	−17 08	9	6.9	6300	人马座	疏散星团	
M19	6273	17 02.6	−26 16	14	7.2	22000	蛇夫座	球状星团	
M20	6514	18 02.3	−23 02	29×27	6.3	5600	人马座	弥漫星云	三叶星云

续表

编号	NGC	赤经	赤纬	视径	视星等	距离	星座	类型	备注
M21	6531	18 04.6	−22 30	13	5.9	4350	人马座	疏散星团	
M22	6656	18 36.4	−23 54	24	5.1	10300	人马座	球状星团	
M23	6494	17 56.8	−19 01	27	5.5	4500	人马座	疏散星团	
M24	6603	18 18.4	−18 25	90	4.5	16000	人马座	疏散星团	
M25	IC4725	18 31.6	−19 15	32	4.6	2000	人马座	疏散星团	
M26	6694	18 45.2	−09 24	15	8	4900	盾牌座	疏散星团	
M27	6853	19 59.6	+22 43	8×4	8.1	820	狐狸座	行星状星云	哑铃星云
M28	6626	18 24.5	−24 52	11	6.9	15000	人马座	球状星团	
M29	6913	20 23.9	+38 32	7	6.6	300	天鹅座	疏散星团	
M30	7099	21 40.4	−23 11	11	7.5	41000	魔羯座	球状星团	
M31	224	00 42.7	+41 16	178×63	3.4	2300000	仙女座	漩涡星系	仙女座大星云
M32	221	00 42.7	+40 52	8×6	8.2	2300000	仙女座	椭圆星系	M31 拌星系
M33	598	01 33.9	+30 39	62×39	5.7	25000000	三角座	漩涡星系	三角星系
M34	1039	02 42.0	+42 47	35	5.2	1390	英仙座	疏散星团	
M35	2168	06 08.9	+24 20	28	5.1	2600	双子座	疏散星团	
M36	1960	05 36.1	+34 08	12	6	4110	御夫座	疏散星团	
M37	2099	05 52.4	−32 33	24	5.6	4170	御夫座	疏散星团	
M38	1912	05 28.7	+35 50	21	6.4	4610	御夫座	疏散星团	
M39	7092	21 32.2	+48 26	32	4.6	864	天鹅座	疏散星团	
M40	/	12 22.4	+58 05	/	8	510	大熊座	双星	
M41	2287	06 47.0	−20 44	38	4.5	2500	大犬座	疏散星团	
M42	1976	05 35.4	−05 27	66×60	4	1500	猎户座	弥漫星云	猎户座大星云
M43	1982	05 35.6	−05 16	20×15	9	1500	猎户座	弥漫星云	大星云东北部分
M44	2632	08 40.1	+19 59	95	3.1	520	巨蟹座	疏散星团	鬼星团/蜂巢星团/积尸气
M45		03 47.0	+24 07	110	1.2	410	金牛座	疏散星团	昴星团/七姐妹星团
M46	2437	07 41.8	−14 49	27	6.1	6000	船尾座	疏散星团	

续表

编号	NGC	赤经	赤纬	视径	视星等	距离	星座	类型	备注
M47	2422	07 36.6	−14 30	30	4.4	1800	船尾座	疏散星团	
M48	2548	08 13.8	−05 48	54	5.8	1500	长蛇座	疏散星团	
M49	4472	12 29.8	+08 00	9×7	8.4	59000000	室女座	椭圆星系	
M50	2323	07 03.2	+08 20	16	5.9	2600	麒麟座	疏散星团	
M51	5194	13 29.9	+47 12	11×8	8.8	2100	猎犬座	漩涡星系	涡状星系
M52	7654	23 24.2	+61 35'	13	6.9	3800	仙后座	疏散星团	
M53	5024	13 12.9	+18 10	13	7.7	56400	后发座	球状星团	
M54	6715	18 55.1M	−30 29	9	7.7	49000	人马座	球状星团	
M55	6809	19 40.0	−30 58	19	7	19000	人马座	球状星团	
M56	6779	19 16.6	+30 11	7	8.2	33000	天琴座	球状星团	
M57	6720	18 53.6	+33 02	1	9	2300	天琴座	行星状星云	环状星云
M58	4579	12 37.7	+11 49	5×4	9.8	41000000	室女座	漩涡星系	
M59	4621	12 42.0	+11 39	5×3	9.8	41000000	室女座	椭圆星系	
M60	4649	12 43.7	+11 33	7×6	8.8	59000000	室女座	椭圆星系	
M61	4303	12 21.9	+4 28	6×6	6.6	41000000	室女座	漩涡星系	
M62	6266	17 01.2	+30 07	14	8.8	20600	蛇夫座	球状星团	
M63	5055	13 15.8	+42 02	12×8	8.6	24000000	猎犬座	漩涡星系	向日葵星系
M64	4826	12 56.7	+21 41	9×5	8.5	15000000	后发座	漩涡星系	黑眼星系
M65	3623	11 18.9	+13 05	10×3	9.3	27000000	狮子座	漩涡星系	
M66	3627	11 20.2	+12 59	9×4	9	27000000	狮子座	漩涡星系	
M67	2682	08 50.4	+11 49	30	6.9	2710	巨蟹座	疏散星团	
M68	4590	12 39.5	+26 45	12	8.2	31400	长蛇座	球状星团	
M69	6637	18 31.4	−32 21	4	7.7	24000	人马座	球状星团	
M70	6681	18 43.2	−32 18	8	8.1	65000	人马座	球状星团	
M71	6838	19 53.9	+18 47	7	8.3	13300	天箭座	球状星团	
M72	6981	20 53.5	−12 32	6	9.4	59000	宝瓶座	球状星团	
M73	6994	20 59.0	−12 38	3	8.9	2000	宝瓶座	疏散星团	四合星

续表

编号	NGC	赤经	赤纬	视径	视星等	距离	星座	类型	备注
M74	628	01 36.7	+15 47	10×10	9.2	37000000	双鱼座	漩涡星系	
M75	6864	20 06.1	−21 55	6	8.6	78000	人马座	球状星团	
M76	651	01 42.4	+51 34	2×1	12.2	8000	英仙座	行星状星云	小哑铃星云
M77	1068	02 42.7	−00 01	7×6	8.8	47000000	鲸鱼座	漩涡星系	塞弗特星系
M78	2068	05 46.7	+00 03	8×6	—	1600	猎户座	反射星云	
M79	1904	05 24.5	+24 33	9	8	43000	天兔座	球状星团	
M80	6093	16 17.1	+22 59	9	7.2	37000	天蟹座	球状星团	
M81	3031	09 55.6	+69 04	26×14	6.9	14000000	大熊座	漩涡星系	波德星云
M82	3034	09 55.8	+69 41	11×5	8.4	14000000	大熊座	不规则星系	雪茄星系
M83	5236	13 37.0	−18 52	11×10	8	16000000	长蛇座	漩涡星系	
M84	4374	12 25.1	+12 53	5×4	9.3	41000000	室女座	椭圆星系	
M85	4382	12 25.4	+18 11	7×5	9.2	41000000	后发座	透镜状星系	
M86	4406	12 26.2	+12 57	7×6	9.2	60000000	室女座	椭圆星系	
M87	4486	12 30.8	+12 24	7×7	8.6	59000000	室女座	椭圆星系	带喷注的巨椭圆星系
M88	4501	12 32.0	+14 25	7×4	9.5	41000000	后发座	漩涡星系	
M89	4552	12 35.7	+12 33	4×4	9.8	41000000	室女座	椭圆星系	
M90	4569	12 36.8	+13 10	10×5	9.5	41000000	室女座	漩涡星系	
M91	4548	12 35.4	+14 30	5×4	10.2	41000000	后发座	漩涡星系	
M92	6341	17 17.1	+43 08	11	6.5	25500	武仙座	球状星团	
M93	2447	07 44.6	+23 52	22	6.2	3600	船尾座	疏散星团	
M94	4736	12 50.9	+41 07	11×9	8.2	16000000	猎犬座	漩涡星系	
M95	3351	10 44.0	+11 42	7×5	9.7	29000000	狮子座	棒旋星系	
M96	3368	10 46.8	+11 49	7×5	9.2	29000000	狮子座	漩涡星系	
M97	3587	11 14.8	+55 01	3	12	1800	大熊座	行星状星云	枭状星云
M98	4192	12 13.8	+14 54	10×3	10.1	36000000	后发座	漩涡星系	
M99	4254	12 18.8	+14 25	5×5	9.8	41000000	后发座	漩涡星系	
M100	4321	12 22.9	+15 49	7×6	9.4	41000000	后发座	漩涡星系	

续表

编号	NGC	赤经	赤纬	视径	视星等	距离	星座	类型	备注
M101	5457	14 03.2	+54 21	27×26	7.7	19000000	大熊座	漩涡星系	梢轮星系
M102	5866	15 06.5	+55 46	5×2	11.1		天龙座	透镜星系	
M103	581	01 33.2	+60 42	6	7.4	7990	仙后座	疏散星团	
M104	4594	12 40.0	−11 37	8×4	9	46000000	室女座	漩涡星系	草帽星系
M105	3379	10 47.8	+12 35	5×4	9.3	30000000	狮子座	椭圆星系	
M106	4258	12 19.0	+47 18	18×8	8.3	21000000	猎犬座	漩涡星系	
M107	6171	16 32.5	−13 03	10	8.1	19800	蛇夫座	球状星团	
M108	3556	11 11.5	+55 40	8×3	10.1	23000000	大熊座	漩涡星系	
M109	3992	11 57.6	+53 23	8×5	9.8	27000000	大熊座	棒旋星系	
M110	205	00 40.4	+41 41	17×10	8	2300000	仙女座	椭圆星系	

参考文献

[1]余明.简明天文学教程[M].北京:科学出版社,2001.

[2]徐庆华.地球概论[M].北京:北京师范大学出版社,1998.

[3]孙彤,石雨祺.宇宙暗世界[M].北京:科学普及出版社,2008.

[4]金祖孟,陈自悟.地球概论[M].3版.北京:高等教育出版社,1997.

[5]卢保罗,蓝松竹,张元东.天文摄影与望远镜使用[M].北京:科学出版社,1998.

[6]冯贤亮.岁时节令[M].扬州:广陵书社,2004.

[7]吴国盛.科学的历程[M].北京:北京大学出版社,2002.

[8]陈江凤.天文与社会[M].开封:河南大学出版社,2002.

[9]张晓原,钮卫星.中国天学史[M].上海:上海书店出版社,1994.

[10]张晓原,钮卫星.天文西学东渐集[M].上海:上海书店出版社,2001.

[11]徐振成,向继红.身边的天文[M].北京:中国林业出版社,2002.

[12]郭正谊,郭治.青少年科技活动概论[M].北京:中国科学技术出版社,1992.

[13]卞毓麟.追星——关于天文、历史、艺术与宗教的传奇[M].上海:上海文化出版社,2007.

[14]冯时.中国古代的天文与人文[M].北京:中国社会科学出版社,2006.

[15]南京大学天文系《天文知识》编写组.天文知识[M].上海:上海人民出版社,1976.

[16]洪韵芳.天文爱好者手册[M].成都:四川辞书出版社,2006

[17]卡洛尔·斯脱特.新天文观测手册[M].尤仪,译.福州:福建科学技术出版社,2004.

[18]伏古勒尔.天文学简史[M].李珩,译.南宁:广西师范大学出版社,

2003.

[19]祝平，章朝云.青少年天文实验[M].北京：北京科学技术出版社，1987.

[20]F·霍伊尔，J·纳里卡.物理天文学前沿[M].何香涛，赵君亮，译.长沙：湖南科学技术出版社，2007.

后 记

距离《天文活动课》出版已经有七年的时间了，当时是我第一次参与编写此类教材，没有任何经验。后期在教材使用过程中发现教材存在各种各样的问题，就一直希望能重新编写、调整一次。恰逢双十百年校庆，才得以在之前的基础上根据自己的经验对教材进行了一次整编，使之更适于中学生天文爱好者学习和了解天文知识。在这里要感谢我校陈聪颖老师给予的大力支持和帮助，没有您就没有这本书！感谢双十地理教研组对我的信任，感谢双十中学给我这次机会，最后还要感谢这么多年教过的孩子们，是你们对天文的热诚，促使我完成了这一次的修改。当然这本教材还是有很多不足，请各位老师、同行和爱好者们批评指正帮助。

徐栩

2019年4月6日于家中